机车乘务员培训系列教材

电力机车操作技能必知必会

（新职学员）

《机车乘务员培训系列教材》编委会　编

中国铁道出版社有限公司

2025年·北　京

内容简介

《电力机车操作技能必知必会(新职学员)》是“机车乘务员培训系列教材”之一。全书共分两章,第一章为电力机车故障处理,第二章为电力机车检查。

本书可供新职学员岗前培训,也可作为机车乘务员业务学习参考用书。

图书在版编目(CIP)数据

电力机车操作技能必知必会:新职学员/《机车乘务员培训系列教材》编委会编. -- 北京:中国铁道出版社有限公司, 2025. 5. -- (机车乘务员培训系列教材).
ISBN 978-7-113-31718-8

Ⅰ. U264

中国国家版本馆 CIP 数据核字第 2024KR3676 号

书　　名:**电力机车操作技能必知必会**(新职学员)
作　　者:《机车乘务员培训系列教材》编委会

责任编辑:袁文东　　**编辑部电话**:(010)51873421　　**电子邮箱**:jiche@ tdpress. com
编辑助理:何志伟
封面设计:郑春鹏
责任校对:苗　丹
责任印制:高春晓

出版发行:中国铁道出版社有限公司(100054,北京市西城区右安门西街 8 号)
网　　址:https://www. tdpress. com
印　　刷:河北宝昌佳彩印刷有限公司
版　　次:2025 年 5 月第 1 版　2025 年 5 月第 1 次印刷
开　　本:710 mm×1 000 mm　1/16　**印张**:9. 25　**字数**:158 千
书　　号:ISBN 978-7-113-31718-8
定　　价:58. 00 元

编委会

前　言

为全面贯彻国铁集团推动新时代铁路职工教育高质量发展主题思想，构建系统完善的职工培训体系，进一步规范机车乘务员培训管理、提升机车乘务员技术业务素质，深入推进机务系统职工培训标准化、规范化建设，更好地完成机车乘务员成才培养工作，沈阳局集团公司机务部依托机车乘务员塑型成长全历程工作指南，组织编写了“机车乘务员培训系列教材”。

本教材针对机车乘务员塑型成才的五个阶段（入门、成长、塑型、进阶、成才）分别制定了相应的配套学习指导。教材内容全面，涵盖了法律法规、安全知识、基础知识、专业知识以及实作技能等方面，构成了一个完整的培训体系，使机车乘务员通过学习，可以达到“三个标准”，即机车副司机任职资质、机车司机驾驶资质、机车司机成才标准。

本套教材由中国铁路沈阳局集团有限公司、辽宁轨道交通职业学院、辽宁铁道职业技术学院、吉林铁道职业技术大学共同编写完成。《电力机车操作技能必知必会（新职学员）》由王旭、姜铎担任主编，韩成华、朱瑞琦、朱晓哲、林军、张慧、张立鹏、李建明、张维勇、张继忠、李海立、代策、徐美东、程岩、李坚参加了编写工作。

本教材为沈阳局集团公司机务部、各机务段职工教育培训工作人员设计，旨在作为工具书和指导书使用，期望本教材能成为广大职工教育培训工作人员日常工作的得力助手，特别是在规范日常培训、提升工作效能等方面发挥积极作用。

鉴于时间和能力原因，本教材可能存在诸多不足之处，期望广大读者能提出宝贵的意见和建议。

编　者

2025 年 4 月

目　录

第一章

电力机车故障处理

知识目标

通过学习掌握各型电力机车的应急处理方法、故障分析，处理故障部件准确位置。

能力目标

运行中能够准确、及时独立处理机车突发故障。

素质目标

树立勤学苦练、一招准、一招精的目标，努力提高业务素质。

第一节　HXD2 型电力机车故障处理

一、HXD2 型电力机车应急故障处理基本原则

1. 机车故障保护隔离设备后，主断路器未跳开，满足牵引需求，可不做处理，维持运行。

2. 机车故障保护隔离设备后，主断路器跳开，按压“微机复位”按钮 3 s 以上，重新闭合主断路器成功，维持运行。

3. 若上述操作主断路器仍无法闭合，查看司机显示单元（以下简称 DDU）微机显示屏故障提示信息，并按照下述应急故障处理办法进行相关操作。

4. 若上述操作仍无法闭合，停车进行蓄电池下电（大复位）操作。

注意：闭合主断路器前，一是必须确认 DDU 微机显示屏显示网压和机械网压表网压正常，在 17.5 kV 到 31.5 kV 范围内；二是确认 DDU 微机显示屏主断路器允

许闭合标识显示。

二、受电弓无法升起的处理

1. 检查显示屏受电弓图标为降弓状态，且闭合受电弓扳键开关时，无辅助触指动作声音，保持受电弓扳键开关闭合位置并轻轻敲击扳键开关组附近。

2. 若显示屏报“受电弓未正常升起”，检查两节辅助风缸压力应不低于 700 kPa，否则使用辅助风泵进行打风；若辅助风缸压力正常，按压“微机复位”按钮 3 s 以上，通过显示屏手动隔离故障节受电弓，升另一节受电弓，维持运用，如图 1-1 所示。

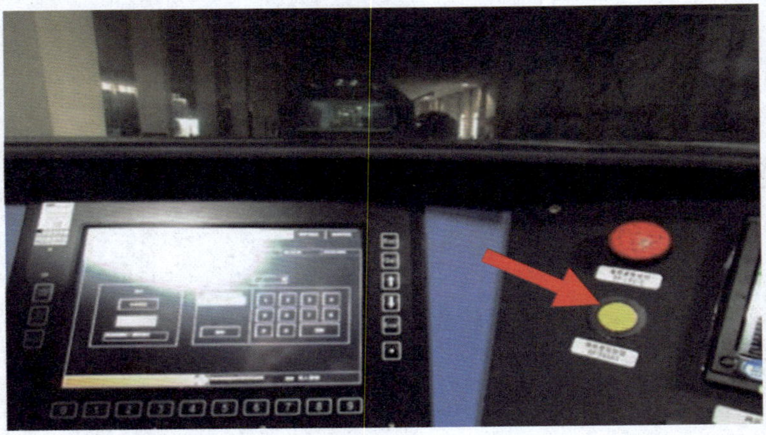

图 1-1　“微机复位”按钮

3. 检查接地开关 H(O-M)在“正常”位(图 1-2)，高压隔离开关 H(HT)在“正常”位(若某节高压隔离开关在“隔离”位，升另一节受电弓维持运行)(图 1-3)。

4. 若仍无法升弓，进行大复位操作。

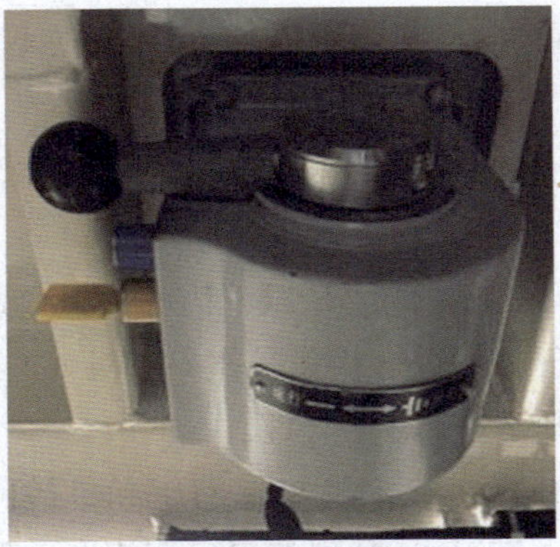

图 1-2　接地开关在“正常”位

图 1-3　隔离开关在“隔离”位

三、受电弓无法降下的处理

1. 确认主断路器断开，依次断开电钥匙和蓄电池断路器。

2. 到机械间制动屏柜上将 U99 塞门断开（蓝钥匙拔下）。U99 塞门如图 1-4 所示。

3. 到相对应受电弓的升弓阀盘下方，依次进行下述操作，直到降下为止：将受电弓风管路塞门置“关闭”位，将升弓阀盘滤清器排水阀打开，将受电弓升弓阀盘上的调压阀拧至最左端，即将升弓压力调到 0。升弓阀盘如图 1-5 所示。

图 1-4　U99 塞门

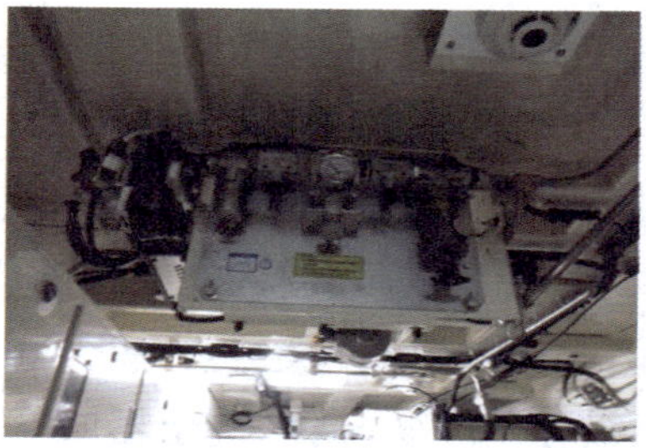

图 1-5　升弓阀盘

注意事项：受电弓无法降下，禁止通过高压隔离开关对受电弓进行隔离操作。

四、主断路器无法闭合的处理

1. 若显示屏无故障信息，按以下方法处理：

（1）将主断路器扳键开关置“断”位后，再重新闭合主断路器扳键。

（2）若闭合主断路器扳键开关时，无辅助触指动作声音，保持主断路器扳键开关“闭合”位并轻轻敲击扳键开关组附近。

（3）检查司控器手柄级位应处于“0”位（图 1-6），检查两节操纵台电控紧急按钮 BP-URG-E 应在“正常”位（图 1-7）。

图 1-6　司控器手柄

（4）检查两节辅助风缸风压不低于 550 kPa（图 1-8）。

（5）检查高压柜断路器应全部置于“闭合”位。

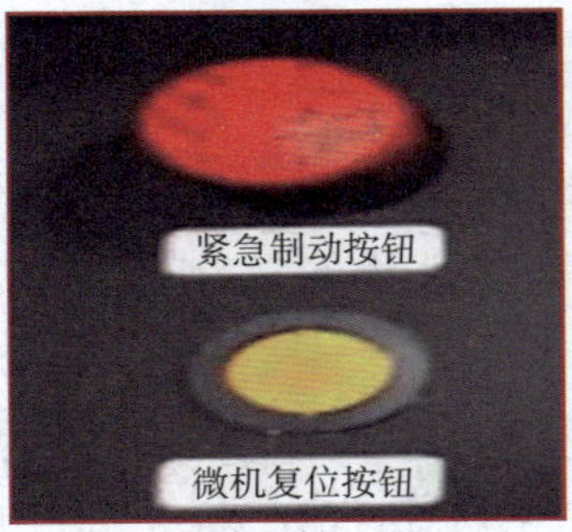

图 1-7　电控紧急按钮

图 1-8　辅助风缸风压力表

2. 若显示屏显示某节两个辅助变流器均隔离，或显示网压欠压、过压故障，依次按以下方法处理，直至主断路器闭合：

（1）按压“微机复位”按钮 3 s 以上后，操作主断路器扳键开关至“分”位，查看 DDU 微机显示屏主断路器标识显示时，再重新闭合主断路器扳键开关。

（2）降弓后按压“微机复位”按钮 3 s 以上后，在 DDU 微机显示屏将故障节的受电弓隔离，升另一节受电弓，闭合另一节主断路器，维持运用。

3. 若显示屏显示某一变流器四象限 1 网压欠压，按压“微机复位”按钮 3 s 以上，操作主断路器扳键开关至“分”位，查看 DDU 微机显示屏主断路器标识显示时，再重新闭合主断路器扳键开关；若仍无效，将整个变流器进行手动隔离，如图 1-9 所示。

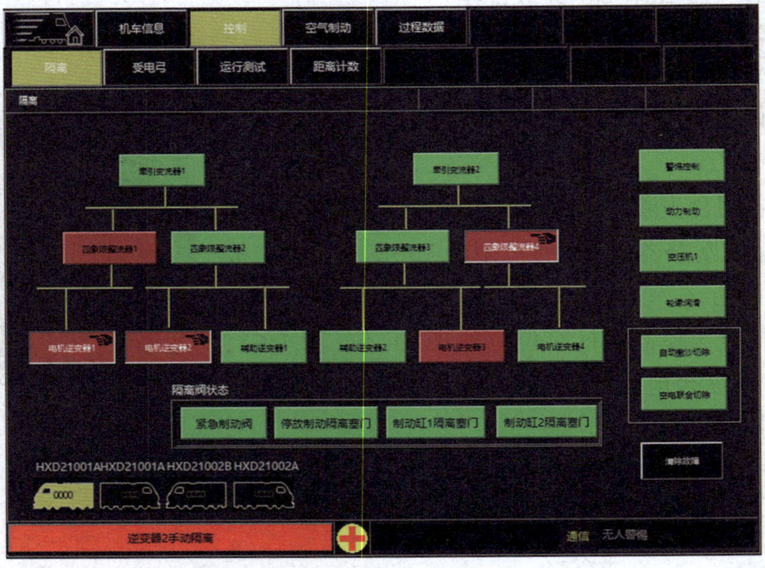

图 1-9　变流器显示屏

4. 若以上处理均无效，停车进行大复位操作。

五、牵引电机隔离的处理

1. 若牵引电机隔离的情况下，能够满足牵引需求，可不作处理维持运行。

2. 若牵引电机隔离后，主断路器跳开无法正常闭合，按压“微机复位”按钮 3 s 以上，重新闭合主断路器。

3. 若上述操作仍无效，停车后断蓄电池断路器进行大复位操作。

六、辅助机组故障处理办法的处理

1. 压缩机泵风不止

采用手动打风维持运行，当总风缸压力达到 900 kPa 后，将压缩机开关置于“0”位；当压力降至 800 kPa 时，将压缩机开关置于“自动”位。

2. 压缩机不启动

(1)首先确认主压缩机扳键在“闭合”位，然后将主压缩机扳键开关(Z-CPR)置于“强”位，压缩机启动正常，使用强泵维持运行。

(2)若单节压缩机故障，在显示屏“控制—隔离”界面将故障节压缩机隔离，使用另一节压缩机维持运行。

(3)若两节压缩机均无法启动，或单节压缩机供风量不足时，分别检查微机柜上压缩机断路器及辅变流柜左下方压缩机断路器(DJ-CPR)。若断路器断开，手动闭合。

注意事项：当总风缸压力低于 500 kPa，同时显示屏提示“总风压力低”、制动显示屏显示“惩罚制动：总风压力低”时，应先下闸停车，待总风缸压力达到 900 kPa 后，将自动制动阀(以下简称大闸)手柄置于“抑制”位缓解惩罚制动，如图 1-10 所示。

3. 油泵故障

(1)若机车功率能满足牵引需要，应维持运行。

(2)若显示屏显示油泵断路器断开，可在前方停车站，到辅助变流柜将断开的油泵断路器重新闭合。

(3)若单节两个油泵均故障且无法恢复时，甩单节操作。

4. 水泵故障

(1)若机车功率能满足牵引需要，应维持运行。

(2)可在前方停车站，检查辅助变流柜水泵断路器是否跳开，如跳开需闭合断路器。

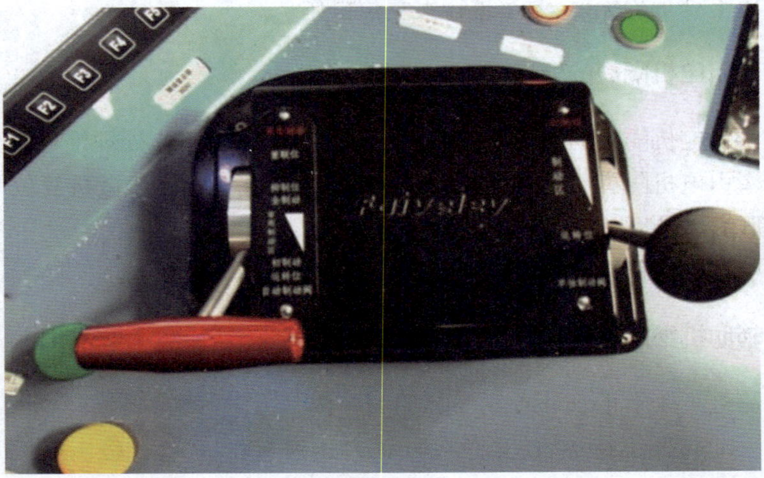

图 1-10　大闸置于“抑制”位

（3）若单节四个水泵均故障且无法恢复时，甩单节操作。

5. 牵引风机故障

（1）若机车功率能满足牵引需要，应维持运行，同时密切关注 6A 显示屏内的轴报信息，若相应轴温升过高，及时将相应牵引电机手动隔离。

（2）若单节两个牵引风机均故障且无法恢复时，维持运行至前方停车站，进行甩单节操作。

6. 冷却塔风机故障

（1）若机车功率能满足牵引需要，应维持运行。

（2）若单节两个冷却塔风机均故障且无法恢复时，维持运行至前方停车站，进行甩单节操作。

七、辅助变流器故障隔离的处理

1. 若显示屏显示辅助变流器 1 或 2 输出接地时，按以下方法处理：

（1）若辅助变流器接地故障自动恢复，且工作正常，可不做处理维持运行。

（2）若接地故障始终存在，依次断开 220 V 电源外载设备、空调、取暖设备开关，若重新闭合主断路器无效，接地故障仍然存在，手动隔离相对应的“辅助变流器”；若主断路器闭合成功，维持运行。

（3）若主断路器仍无法闭合，尽量维持前方站内停车后，将辅助变流柜各负载继电器依次断开，闭合主断路器。若某一继电器断开后，主断路器闭合成功，将该继电器断开后，维持运行。

2. 若辅助变流器故障隔离后，机车自动冗余负载设备，且主断路器未跳开，可不做处理维持运行。

3. 若主断路器断开，将牵引手柄回“0”位，按住“微机复位”按钮 3 s 以上，重新闭合主断路器，维持运行。

4. 若主断路器无法闭合，到辅助变流柜处，同时按下辅助控制单元 ACU1、ACU2、3A、10A 四个红色按钮断电，3 s 左右再同时按下四个绿色按钮进行上电复位，然后进行按压“微机复位”按钮 3 s 以上操作，查看 DDU 微机显示屏主断路器图标为“”时，重新闭合主断路器。

5. 若故障仍无法消除，尽量维持到前方站内停车后，进行大复位操作。

八、需要进行甩单节的故障的处理

1. 高压隔离开关甩单节

(1) 机车发生以下故障时，需通过高压隔离开关对故障单节进行甩除：

①单节 2 个辅助变流或辅助变流控制单元 ACU1、ACU2 同时故障，显示屏显示辅助变流 1 隔离、辅助变流 2 隔离、ACU1 通信故障、ACU2 通信故障等信息，如图 1-11 所示。

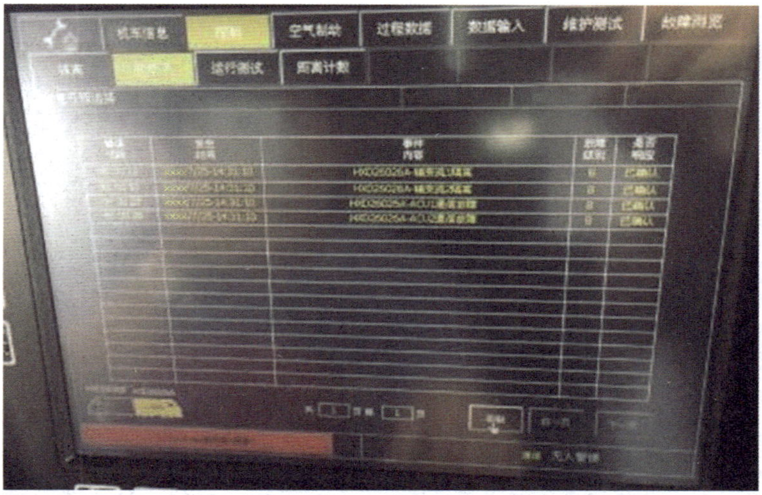

图 1-11　显示屏显示的故障信息(通信故障)

②单节 4 个水泵都故障，显示屏显示水泵 1 故障、水泵 2 故障、水泵 3 故障、水泵 4 故障、四象限 1、2、3、4 水压异常等信息，如图 1-12 所示。

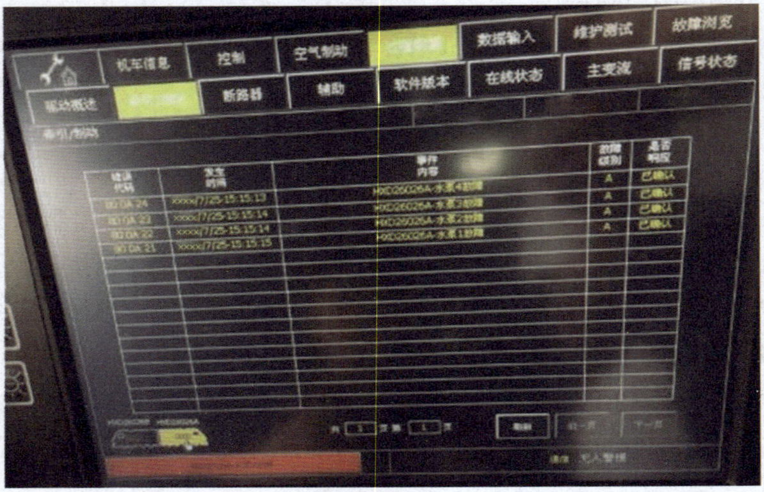

图 1-12　显示屏显示的故障信息（水压异常）

③单节 2、3 位主整流或其控制单元（TCU）同时故障，显示屏显示四象限 3 硬件故障、逆变器 3 驱动或硬件故障、四象限 3 硬件故障、逆变器 3 驱动或硬件故障、整流器 3 隔离、逆变器 3 隔离、TCU3 网关通信故障、TCU2 网关通信故障、整流器 2 隔离、逆变器 2 隔离、辅变流 1 隔离，四象限 2、3 未正常启动等信息，如图 1-13 所示。

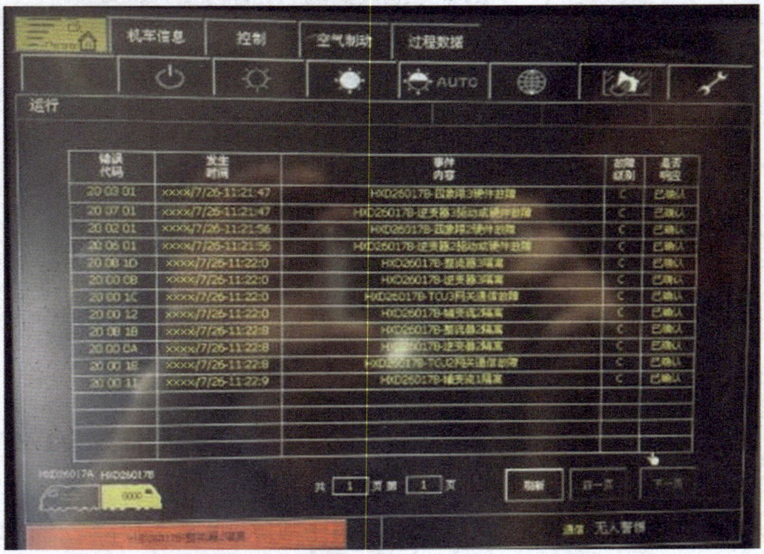

图 1-13　显示屏显示的故障信息（未正常启动）

④单节 2 个油泵同时故障，显示屏显示油泵 1 断路器故障、油泵 2 断路器故障，油流 1、2 故障等信息，如图 1-14 所示。

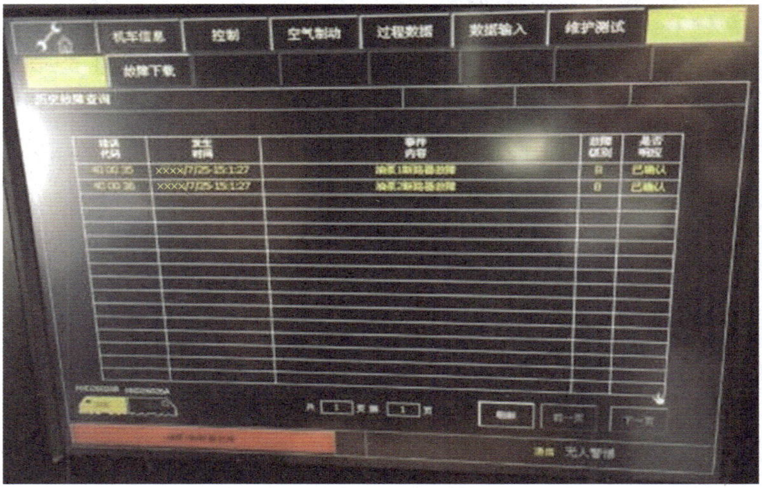

图 1-14　显示屏显示的故障信息（油泵故障）

（2）高压隔离开关甩单节操作方法：

必须确认受电弓完全降下的情况下，对故障单节进行以下操作：

①将制动柜上的蓝钥匙由“工作”位打至“隔离”位后取出，切断升弓气路；蓝钥匙插入接地开关 H（O-M）上的蓝钥匙孔旋转 90°，接地开关 H（O-M）的手柄由“操作”位转动至“接地”位，使车顶高压回路接地，取下接地开关 H（O-M）上的黄钥匙。

②将黄钥匙插在通用柜的安全钥匙联锁箱钥匙槽内，旋转 90°，取下钥匙箱上的绿钥匙，再将绿钥匙插入高压隔离开关绿钥匙孔旋转 90°，下拉把手将高压隔离开关打“隔离”位。

③取下高压隔离开关绿钥匙插入通用柜的安全钥匙联锁箱钥匙槽内，取下黄钥匙插入接地开关黄钥匙孔，将接地开关 H（O-M）的手柄由“接地”位转动至“操作”位，再取下蓝钥匙插入制动柜上的蓝钥匙孔，由“隔离”位打至“工作”位（逆向恢复）。

2. 微机系统甩单节

（1）机车非操纵节发生以下故障时，通过微机复位及大复位处理无效后，需进行微机系统甩单节，如图 1-15 所示。

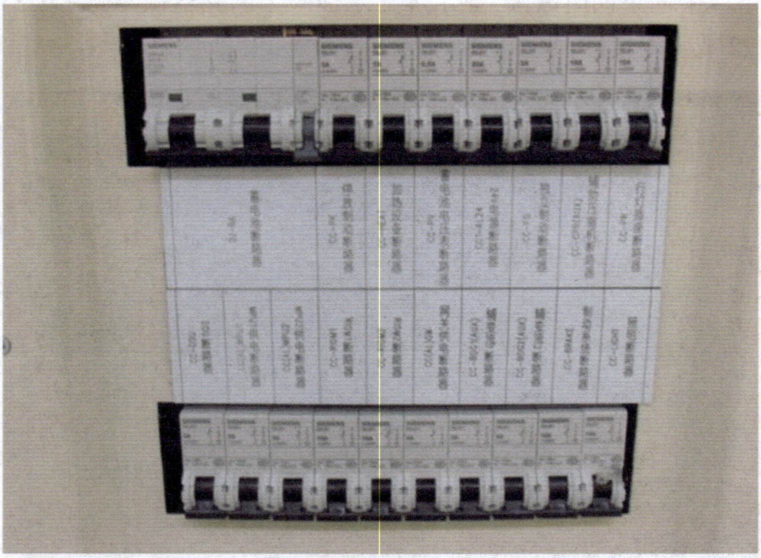

图 1-15　微机系统甩单节断开微机断路器

①单节机车网关 GW1、GW2 同时故障，显示屏显示 UIC 网关 1 通信故障、UIC 网关 2 通信故障，无法识别本车或重联车通信故障信息。

②单节机车微机系统 MPU1、MPU2 同时故障，显示屏显示无法识别本车或重联车通信信息，MPU1 故障、MPU2 故障等信息。

③机车远程输入输出模块 RIOM2 网关通信故障，显示屏显示 RIOM2 网关通信故障、主变压器压力保护、受电弓隔离阀“隔离”位、受电弓隔离等故障信息。

(2)微机系统甩单节操作方法：

断开非操纵节网关供电断路器[CC(AL)GW]后，按压“微机复位”按钮 3 s 以上，重新主断路器闭合后维持运行。

九、操纵节单独制动手柄(以下简称小闸)EPM 故障的处理

故障现象：

1. 大闸“运转”位，两端制动缸压力均上升至 350 kPa。

2. 左侧制动屏显示“单独制动故障，将操纵节 RB(IS)FD 塞门置于切除位，然后转换到备用模式”。

3. 微机显示屏显示 BCU 故障(DI 信号)。

处理方法：

1. 将操纵节制动柜上小闸隔离塞门打至“水平切除”位。

2. 将制动机制动设置转换为备用模式,如图 1-16 所示。

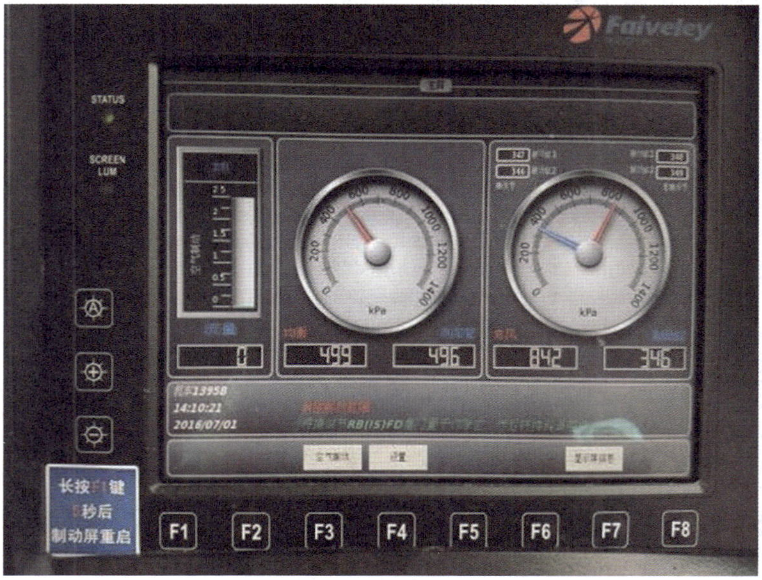

图 1-16　制动机制动设置界面

十、非操纵节电子分配阀 EPM 故障及 CAN 总线故障

故障现象:

1. 机车运行中产生惩罚制动,列车管减压至 360 kPa。

2. 左侧制动屏交替显示“惩罚制动:非操纵节电子分配阀 EPM 故障,请将非操纵节单独制动隔离塞门 RB(IS)FD 打到隔离位”“CAN2 总线故障,结束运行后和维修人员联系”“请求安全解锁,将手柄置抑制位”。

3. 微机显示屏左下角报故障:A 节或 B 节的 BCU 故障(DI 信号)。

处理方法:

将非操纵节制动柜上小闸隔离塞门打至“水平切除”位。

十一、制动柜电子分配阀 EPM 故障的处理

故障现象:

机车不缓解,制动显示屏提示故障信息:“分配阀 EPM 故障,结束运行后与维修人员联系”。

处理方法：

1. 若制动机作用正常，则维持运行不处理。

2. 若机车无法正常制动、缓解，切换到备用模式下，如图 1-17 所示。

图 1-17　备用模式开关

十二、辅助空压机单向阀冻结故障处理

故障现象：冬季辅助空压机打风，辅助风缸不充风，辅助空压机出风管处安全阀开启排风。该故障大多为辅助空压机单向阀冻结导致。

处理方法：

检查辅助空压机单向阀电加热套是否工作正常，若工作正常，待温度上升后可使单向阀解冻，或敲击辅助空压机单向阀体，震开冻结的阀芯。

十三、停放制动不缓解或停放制动不一致的处理

故障现象：

1. 按压操纵台停放制动缓解按钮，机车停放制动不缓解。

2. 微机显示屏提示故障信息“机车停放制动不一致”。

处理方法：

1. 确认机车总风缸压力不低于 700 kPa，按压操纵台缓解按钮不少于 3 s。

2. 检查两节蓄电池及停放制动断路器是否在“闭合”位，如发现断开，立即闭合。

3. 分别对两节车制动柜上停放制动电磁阀进行手动缓解操作，如图 1-18 所示。

4. 仍处理无效，对机车进行大复位处理。

注意事项：停放制动不缓解或停放制动不一致处理完毕后，必须在停放制动缓解状态下，确认四个转向架停放制动指示器均为缓解状态（显示绿色），否则禁止动车。停放制动指示器如图 1-19 所示。

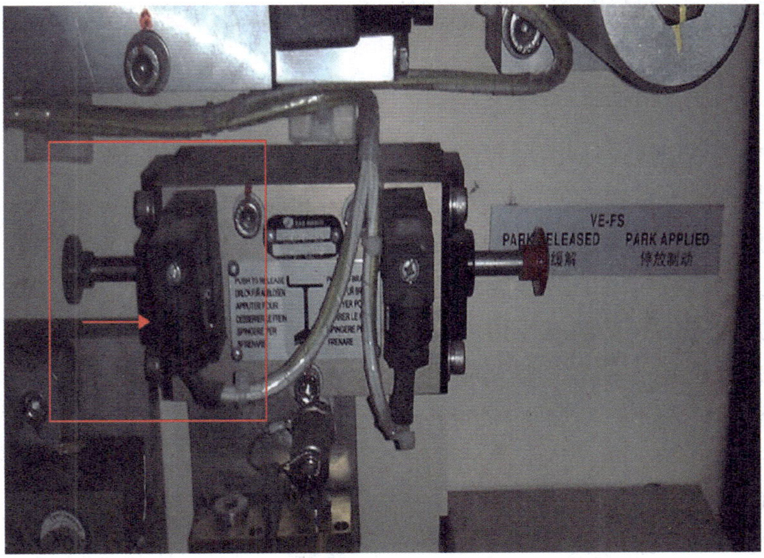

图 1-18　停放制动电磁阀

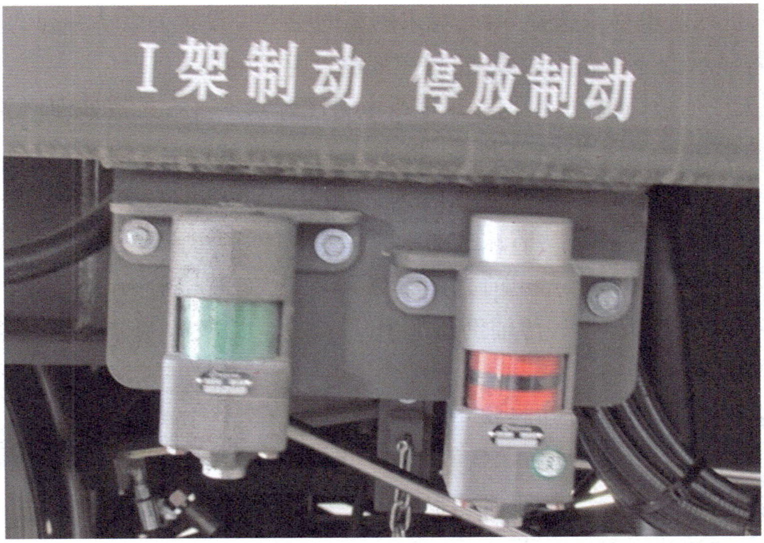

图 1-19　停放制动指示器

第二节　HXD3B 型电力机车故障处理

一、受电弓升不起的处理

1. 进入数据浏览器→活动界面，根据故障信息进行以下处理：

(1)若显示升弓控制塞门[U99]隔离，辅助压缩机/受电弓控制单元[U43]隔离，司机室 1 紧急制动按钮[SB57]激活，司机室 2 紧急制动按钮[SB58]激活或原边电压自动开关 1、2、3 断开等故障信息，将相应塞门开通、断路器闭合、按钮恢复，如图 1-20 所示。

图 1-20　升弓模块风路

(2)若显示升弓电磁阀 1 无法闭合(保持断开)或升弓电磁阀 2 无法闭合(保持断开)，换升另一端受电弓。

(3)若显示高压隔离开关 1 接地、受电弓 1 隔离或高压隔离开关 2 接地、受电弓 2 隔离，进入受电弓预选择界面，将未隔离的受电弓设置为默认升起的受电弓。

(4)若显示变流器相关故障，将相应变流器手动隔离。

2. 若无任何故障信息，根据显示屏受电弓图标状态进行以下处理：

(1)若受电弓图标为降弓状态，将主断路器开关置“闭合”位，若仍无法升起，检查辅助压缩机是否工作，若未工作，将辅助配电柜内 KMC1 接触器正前方位于 2 个接线柱中间的柱头下压，待辅助压缩机排风后，自动升弓。

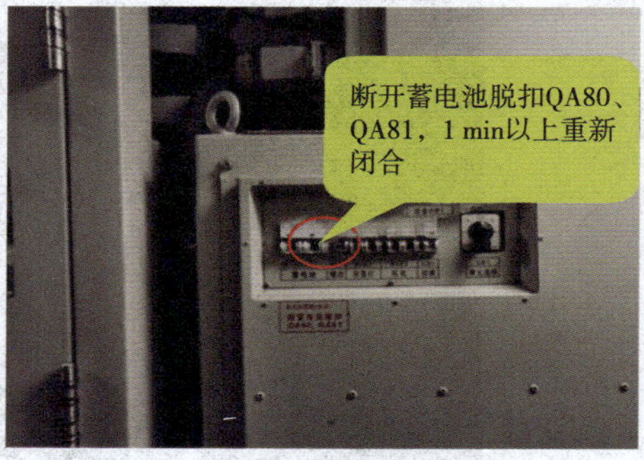

图 1-21　蓄电池脱扣

(2)若受电弓图标为升起状态，换升一端受电弓。

(3)若受电弓图标为禁止升弓状态，进入受电弓预选择界面重新设置。

3. 若以上处理均无效，断开蓄电池脱扣 QA80、QA81，1 min 以上再闭合，如图 1-21 所示。

二、受电弓降不下的处理

1. 依次将电钥匙和蓄电池断路器QA80、QA81断开。

2. 到机械间制动屏柜上将升弓钥匙塞门(U99)断开(蓝钥匙拔下),如图1-22所示。

3. 到相对应受电弓的升弓阀盘下方,依次进行下述操作,直到降下为止:将受电弓风管路塞门置"关闭"位,将升弓阀盘滤清器排水阀打开,将受电弓升弓阀盘上的调压阀拧至最左端,即将升弓压力调到0。升弓阀盘下方升弓塞门及调压阀如图1-23所示。

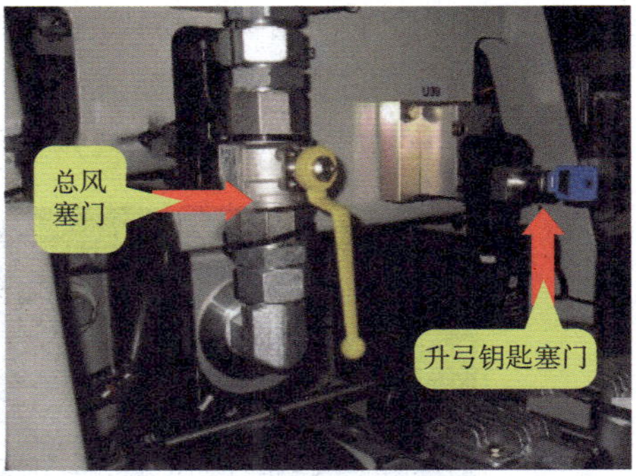

图1-22　制动屏柜总风塞门与升弓钥匙塞门

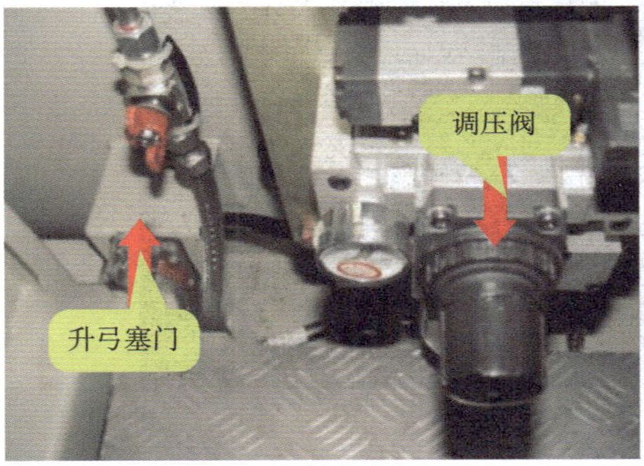

(a)

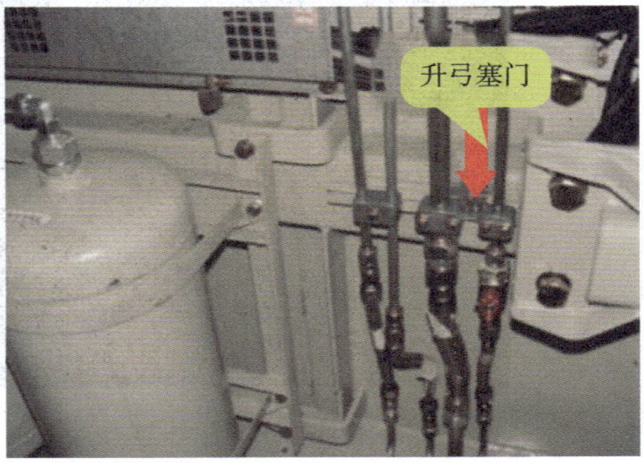

(b)

图1-23　升弓阀盘下方升弓塞门及调压阀

注意事项:受电弓无法降下,禁止在显示屏上对受电弓进行隔离操作。

三、主断路器合不上的处理

1. 将主断路器扳键开关置"断"位后,再重新闭合主断路器扳键。

2. 若闭合主断路器扳键开关时,无辅助触指动作声音,保持主断路器扳键开关闭合位置并轻轻敲击扳键开关组附近。辅助压缩机开关如图1-24所示。

3. 检查辅助风缸压力达到650 kPa以

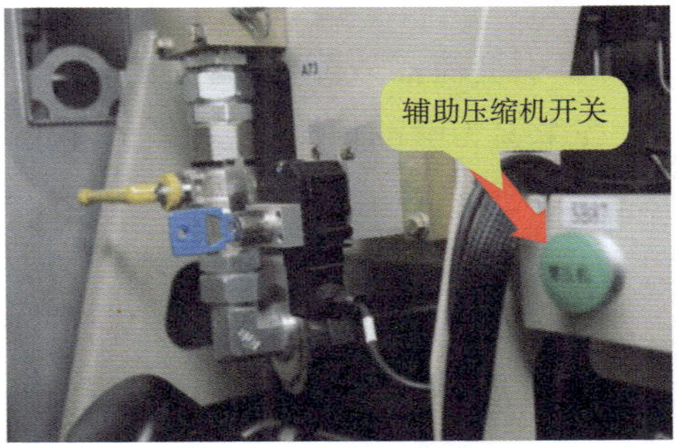

图1-24　辅助压缩机开关

上,若不足开启辅助压缩机,将压力升到 650 kPa 以上。

4. 若主变压器顶层、出口 1、出口 2 任一温度超过 105 ℃,待温度降至 105 ℃以下后,重新闭合主断路器,并将冷却塔风机设置为三级。

5. 若显示屏主断路器图标显示红色斜杠,点击数据输入(密码 123)–其他,点击主断路器复位软开关,如图 1-25 所示。

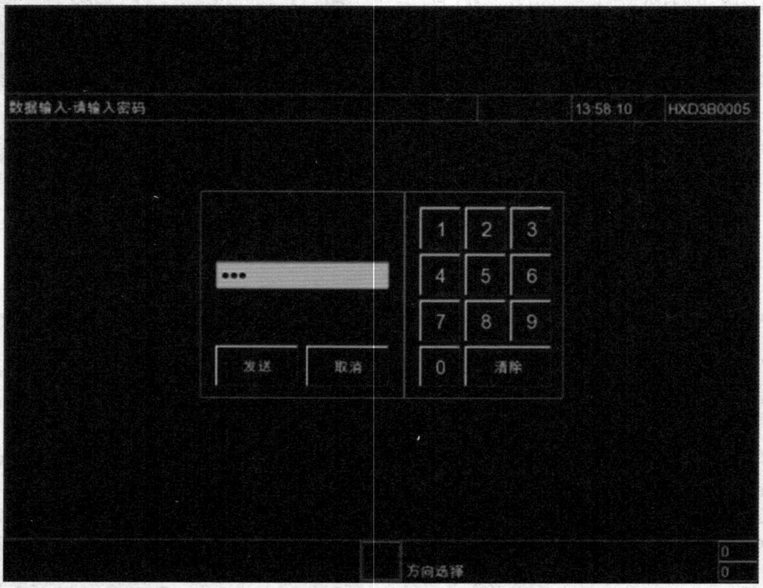

图 1-25　点击数据输入(密码 123)

6. 依次隔离并恢复 AMP1、AMP2、变流器 1、变流器 2 和变流器 3,直到主断路器可以闭合。

7. 处理无效,断开蓄电池脱扣 QA80、QA81,1 min 以上再闭合(图 1-21)。

四、牵引变流器或牵引电机隔离故障的处理

牵引变流器故障后,首先将主断路器扳键开关置“断开”位再重新闭合主断路器,在牵引力够的情况下,可暂时不必尝试恢复,待有条件正常停车时再按以下方法进行恢复:

1. 若闭合电钥匙后显示变流器通信丢失故障,断电钥匙并重新闭合。

2. 点击数据浏览器—活动界面,查看变流器水泵或风机断路器是否跳开,如跳开,断主断路器后到辅助配电柜恢复断路器,如图 1-26 所示。

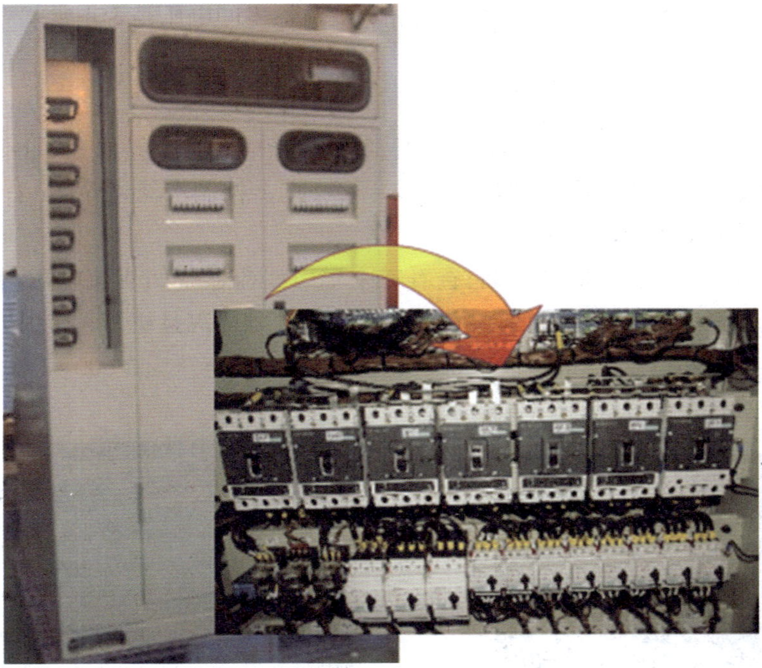

图 1-26　辅助配电柜断路器

3. 点击控制—隔离界面,按压清除所有故障隔离软开关。

4. 点击数据输入(密码 123)—其他设置—清除变流器故障。

5. 断主断路器,点击控制—隔离界面,手动隔离故障的牵引变流器后手动恢复。

6. 若以上处理均无效,断开蓄电池断路器 QA80、QA81,1 min 以上再闭合(图 1-21)。

注意事项:变流器隔离或恢复后,必须确认以下信息。

1. 进入过程数据—辅助界面,查看 K501 ~ K505 接触器状态是否与表 1-1 一致,否则断开相应变流器断路器。

表 1-1　辅助变流器与接触器状态

序号	辅助变流器状态			接触器状态				
	1	2	3	K501	K502	K503	K504	K505
1	正常	正常	正常	闭合	闭合	闭合	断开	断开
2	隔离	正常	正常	断开	闭合	闭合	闭合	断开
3	正常	隔离	正常	闭合	断开	闭合	闭合	断开
4	正常	正常	隔离	闭合	闭合	断开	断开	闭合

2. 进入过程数据—驱动界面，查看相关变流器中间电压是否正常。

五、机车辅机不启动的处理

1. 如辅机不工作，在显示屏上，点击过程数据—辅助界面（图 1-27），查看 K501、K502、K503 是否闭合，如有一个未闭合，点击控制—隔离界面，手动隔离相对应的辅助变流器（图 1-28）。

2. 点击过程数据—驱动界面，查看三个牵引变流器中间直流电压（图 1-29），对中间直流电压不起或明显低于标准电压（无变流器隔离且机车无牵引力情况下，变流器 1、2 中间电压为 2 300~2 400 V，变流器 3 中间电压为 2 600~2 700 V）的牵引变流器进行手动隔离（图 1-30）。

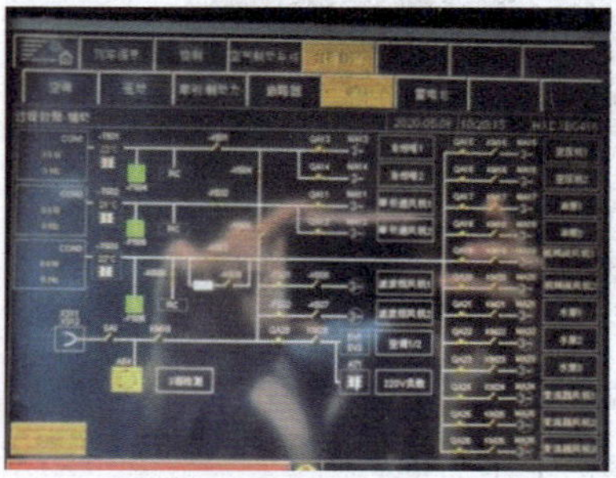

图 1-27　过程数据→辅助界面

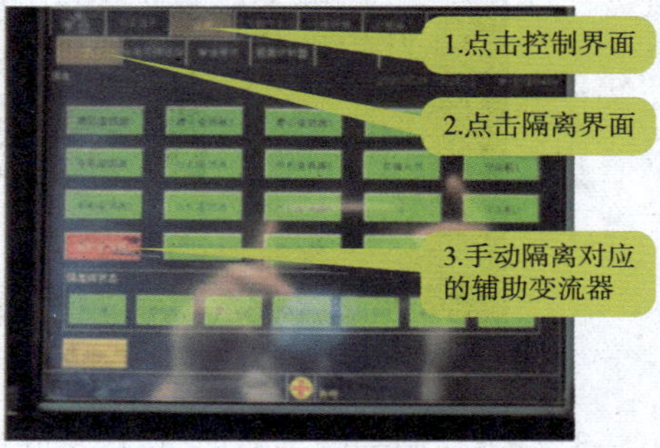

图 1-28　点击控制→隔离界面

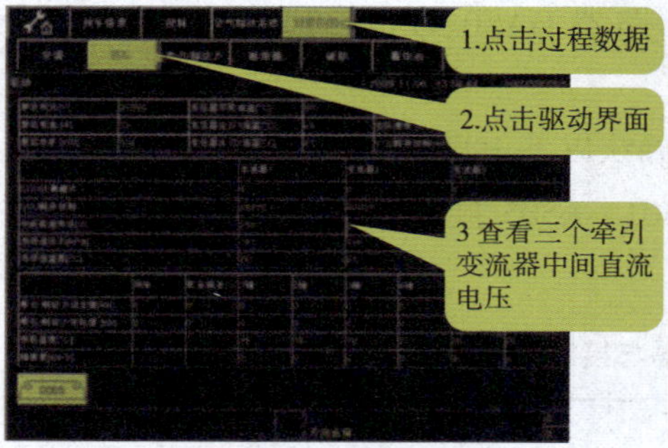

图 1-29　过程数据→驱动界面

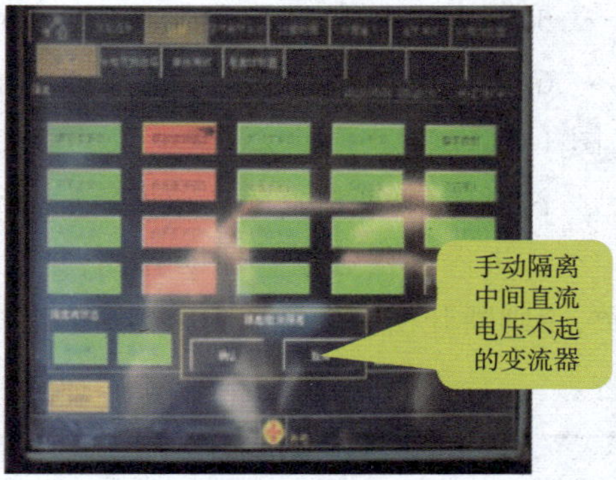

图 1-30　手动隔离中间直流电压不起的变流器

3. 过分相后辅机不启动，点击过程数据—驱动界面查看三个变流器的中间直流电压，如果有中间直流电压低于 2 300 V 时，断开主断路器重新闭合后，方可恢复正常。

4. 处理无效，断开蓄电池断路器 QA80、QA81，1 min 以上再闭合(图 1-21)。

注意事项：辅助变流器隔离或恢复后，必须进入过程数据—辅助界面，查看 K501～K505 接触器状态是否与表 1-2 一致，否则断开相应变流器断路器。

表 1-2　辅助变流器与接触器状态

序号	辅助变流器状态			接触器状态				
	1	2	3	K501	K502	K503	K504	K505
1	正常	正常	正常	闭合	闭合	闭合	断开	断开
2	隔离	正常	正常	断开	闭合	闭合	闭合	断开
3	正常	隔离	正常	闭合	断开	闭合	闭合	断开
4	正常	正常	隔离	闭合	闭合	断开	断开	闭合

六、提手柄无牵引力输出的处理

1. 检查总风缸压力应高于 600 kPa，否则闭合风泵开关或使用强泵打风。

2. 检查弹停应处于缓解状态，否则按压绿色缓解弹停制动按钮，缓解弹停制动。

3. 检查主变压器顶层、出口 1、出口 2 任一温度超过 100 ℃，将冷却塔风机设置为三级，待温度下降至 88 ℃以下时，可恢复加载。

4. 检查机车是否产生惩罚制动或紧急制动，并按显示屏的提示信息进行处理。若监控装置卸载或排风，按监控装置办法处理。

5. 进入控制—隔离界面，查看变流器及电机是否被人为隔离，如无故障可恢复。

6. 若显示屏右下角提示 BCU 牵引封锁，轻轻敲击 IPM 箱体。

7. 处理无效，断开蓄电池断路器 QA80、QA81，1 min 以上再闭合。

七、部分电机逆变器停止工作的处理

1. 进入过程数据—牵引/制动力界面，查看某台电机没有牵引力。

2. 将没有牵引力的电机进行手动隔离，维持运用。

八、DC 110 V 电源装置不工作的处理

1. 进入过程数据—蓄电池界面，若单元 1 或单元 2 有一个为绿色，且蓄电池电

压值正常，可不必处理。

2. 若充电单元 1 和 2 交替报故障，同时过程数据—蓄电池界面右下角有红色接地符号，到蓄电池柜闭合 CB1 断路器，如图 1-31 所示。

图 1-31　蓄电池柜 CB1 断路器

3. 若过程数据—蓄电池界面中显示 QA29 断开，到辅助配电柜恢复断路器，若恢复后仍然断开，依次将蓄电池充电单元选择开关置单元 1 或单元 2，并重新恢复 QA29 断路器（图 1-32）。

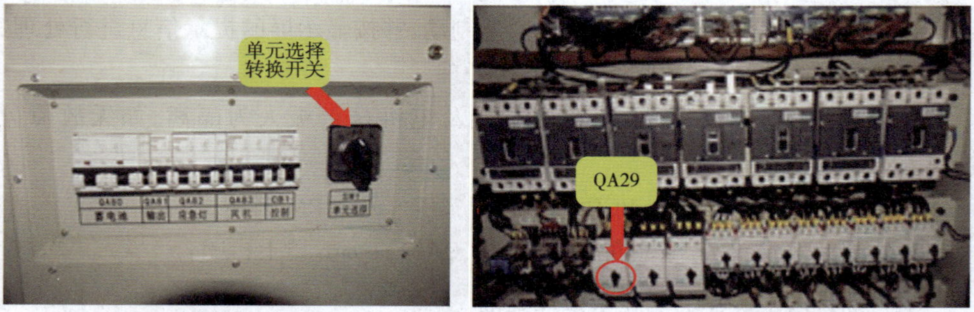

（a）单元选择转换开关　　（b）QA29 断路器

图 1-32　单元选择转换开关与 QA29 断路器

4. 若显示屏提示充电器输入电流高或输出电流、电压高等故障信息，手动隔离辅助变流器 3。

5. 断开控制断路器 CB1，1 min 以上重新闭合。

6. 若以上操作均无效，维持到前方站停车后，断开断路器 QA80、QA81、CB1，

1 min 后重新闭合,观察控制电压显示(图 1-33)。

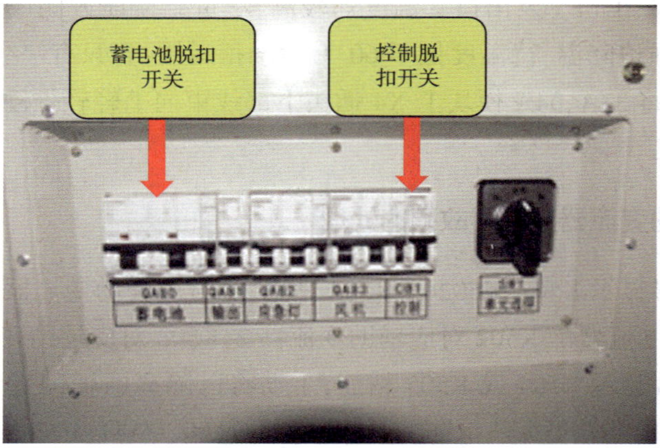

图 1-33　断路器 QA80、QA81、CB1

九、TCMS 显示屏黑屏、失去连接、不启动的处理

1. 可维持运行不用处理,通过操纵台机械仪表、状态指示灯及 LKJ 主机查询机车运行信息。

2. 机车到达前方停车站且时间充足的情况下进行小复位处理(显示屏启动后,不得对显示屏进行任何操作)。

十、机车牵引力上下波动,电机速度传感器故障的处理

1. 点击过程数据—驱动界面查看某个电机的轴速度显示不正常,点击控制—隔离界面,将相对应的电机变流器手动隔离。

2. 如果隔离电机后仍然牵引力波动,到机械间将该电机所对应的速度传感器插子拔下(每个变流器柜体右侧的 X115、X116 插子为该变流器所对应的电机速度传感器插子,变流器 1 上 X115 对应第一电机,X116 对应第二电机,变流器 2 上 X115 对应第三电机,X116 对应第四电机,变流器 3 上 X115 对应第五电机,X116 对应第六电机)。

十一、主变压器假超温的处理

1. 若显示屏提示某一个主变压器温度传感器故障时,或者主变压器温度传感器检测温度偏差过大时,进入过程数据—驱动界面,查看变压器顶层、出口 1、出口 2 温度,如仅有一个出口温度较高其他正常即为假超温,可不做处理维持运用。

2. 若显示屏提示主变压器温度过热、临界危险时，进入过程数据—驱动界面，若主变压器顶层、出口 1 及出口 2 温度均较高，尽量维持前方侧线停车，将冷却塔风机调到三级强迫降温，待温度低于 60 ℃后维持运用；若只有一个或两个温度过高，到 TCMS 柜将 33A、34A 模块上 X4 插头下部线束向上轻轻推动，直至温度恢复正常。

十二、辅助变流器接触器故障的处理

1. 若显示屏显示 K501、K502 或 K503 粘连，将对应辅助变流器手动隔离，其中 K501 对应辅助变流器 1，K502 对应辅助变流器 2，K503 对应辅助变流器 3。

2. 若显示屏显示 K504 或 K505 粘连，手动将已隔离的辅助变流器进行恢复，并重新隔离，多次尝试仍无法消除，断开断路器 QA80、QA81，1 min 后重新闭合。

3. 若显示屏显示 K509 粘连，不影响机车运行，无需处理。

注意事项：辅助变流器隔离或恢复后，必须进入过程数据—辅助界面，查看 K501～K505 接触器状态是否与表 1-2 一致，否则断开相应变流器断路器。

十三、换端后自阀“运转”位，机车不缓解的处理

1. 进入空气制动系统—制动设置界面（图 1-34），确认主界面为“本机、货车/投入、不补风”，均衡风缸压力为需设定的压力。

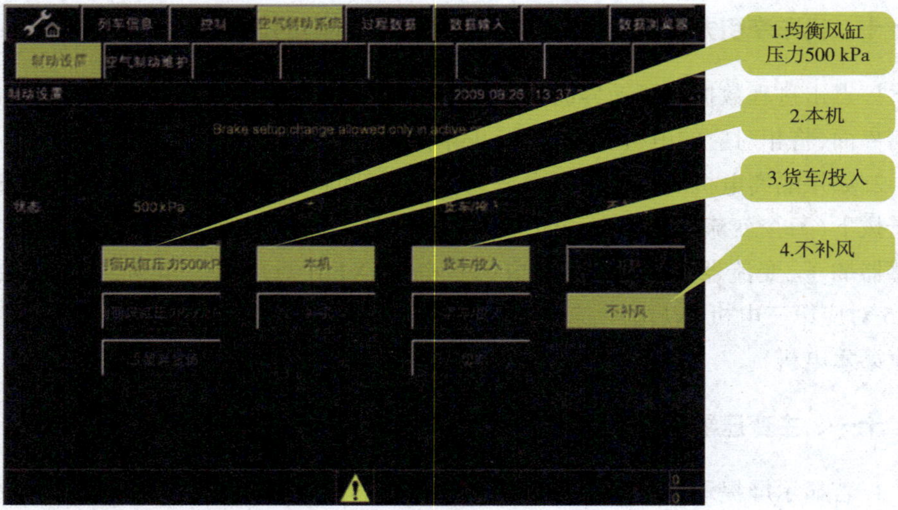

图 1-34　空气制动系统—制动设置界面

2. 若显示屏提示“53 电磁阀失效”故障信息，到另一端闭合电钥匙，待显示屏进入主界面后，将自阀置于“重联”位后重新换端（图 1-35）。

3. 处理无效，断开蓄电池断路器 QA80、QA81，1 min 以上再闭合（图 1-21）。

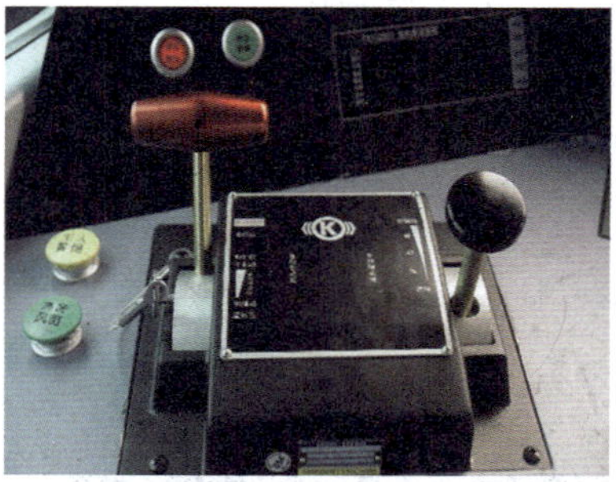

图 1-35　自阀置于“重联”位

第三节　HXD3D 型电力机车故障处理

一、接触网无网压的处理

故障判断：

1. 微机报“自动降弓装置动作”，应立即停车检查接触网及受电弓状态，并做车顶绝缘检测。

2. 微机未报警，联控询问车站网压情况。

3. 检查受电弓是否真正升起，升起后接触网仍然无网压，先检查原边电压 QA1 脱扣是否跳开再检查高压电压互感器是否炸裂，如图 1-36、图 1-37 所示。

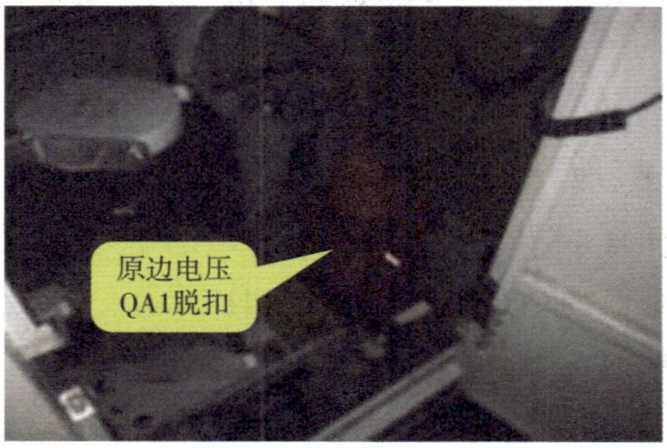

图 1-36　原边电压 QA1 脱扣

图 1-37　高压电压互感器

二、受电弓无法升起的处理

故障判断：

1. 查看总风压力表及微机故障显示屏，如果微机显示“自动降弓装置动作”且风压大于 735 kPa 时立即升另一端受电弓（图 1-38）。

图 1-38　总风压力

2. 总风压力表低于 735 kPa 时，手动按压辅助压缩机开关。确保风压超过 735 kPa 后再升弓，如图 1-39、图 1-40 所示。

图 1-39　辅助压缩机开关

图 1-40　辅助风缸压力表

3. 检查受电弓隔离开关位置是否正确、接地开关是否在“工作”位、库内试验开关是否在“正常”位、升弓模块 U43-13 塞门（应为“水平”位）、U99 塞门（应处于“垂直”位）、升弓辅助管路柜 U98 塞门（应处于“垂直”位），如图 1-41 所示。

三、主断路器闭合不上的处理

1. 无报警信息故障处理方法

（1）检查司控器手柄级位是否处于“0”位，检查两端 4 个紧急制动按钮是否处于“正常”位。司控器手柄及紧急制动按钮如图 1-42 所示。

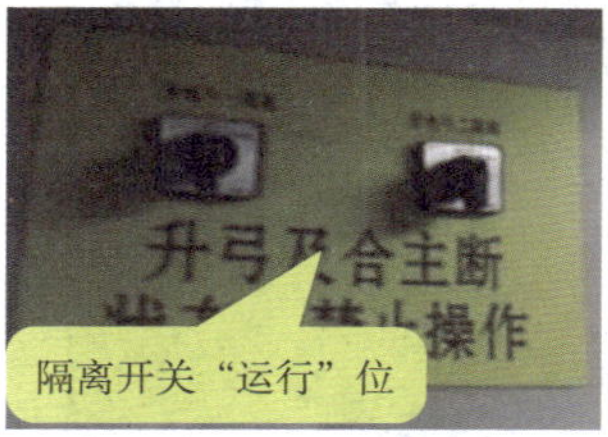

（a）隔离开关“运行”位

（b）隔离开关“运行”位

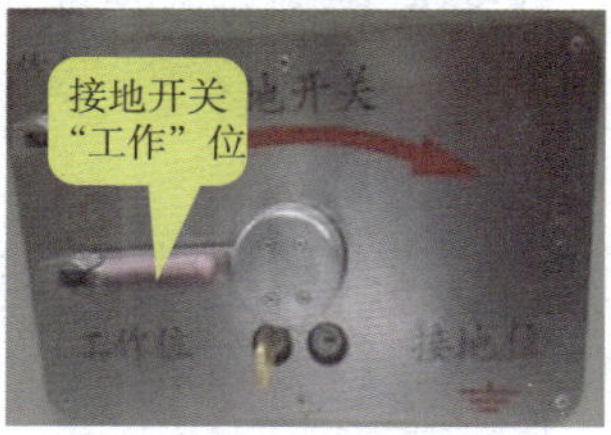

（c）接地开关“工作”位

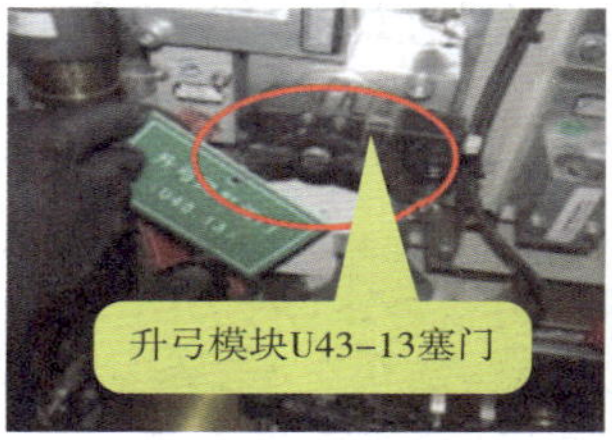

（d）升弓模块塞门

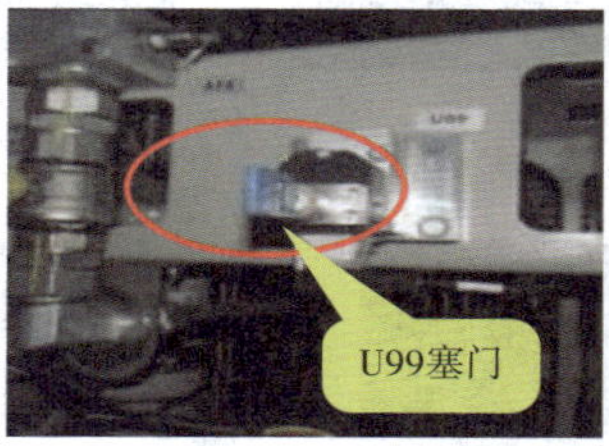

（e）U99塞门

（f）U98塞门

图 1-41　检查开关位置

（a）司控器手柄

（b）操作台紧急制动按钮

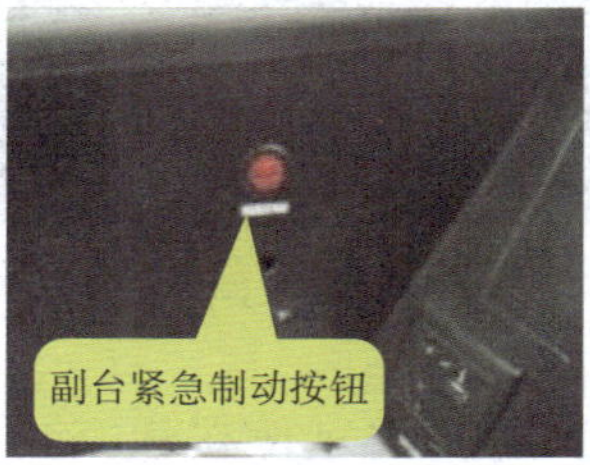

（c）副台紧急制动按钮

图 1-42　司控器手柄及紧急制动按钮

（2）风压及运行速度条件允许时对微机进行断电复位，不允许时停车进行复位。微机复位按钮如图 1-43 所示。

（3）运行速度到达 5 km/h 时，主断路器自动跳开时检查半自动过分相按钮是否处于断开位置。半自动过分相按钮如图 1-44 所示。

2. 微机报 CI 故障处理方法

（1）确认网压正常（17.5～30 kV）否则主断路器无法闭合（图 1-45）。

（2）调速手柄回“0”位，将主断路器开关扳到“断开”位再重新闭合主断路器，如图 1-46 所示。

图 1-43　微机复位按钮

图 1-44　半自动过分相按钮

图 1-45　网压表

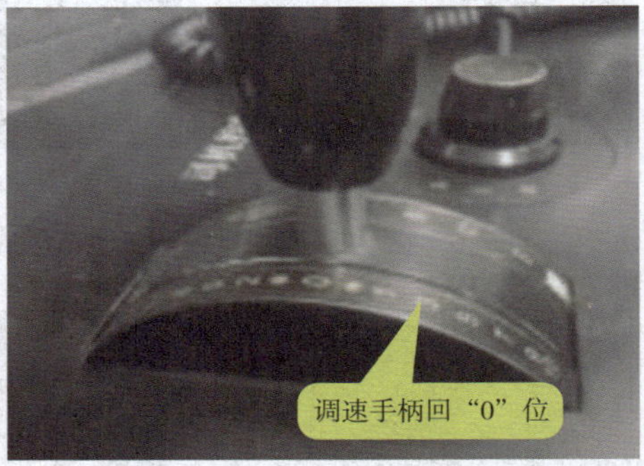

图 1-46　调速手柄回“0”位

（3）按复位按钮，将主断路器开关扳到“断开”位再重新闭合主断路器，如图 1-47 所示。

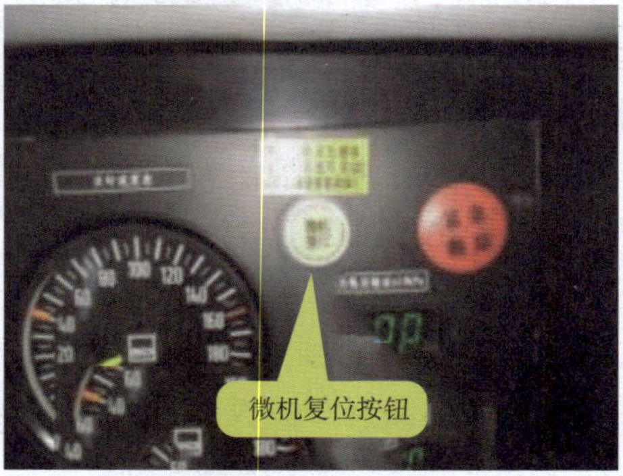

图 1-47　微机复位按钮

(4)如主断路器合不上或提手柄就跳主断路器,切除三台牵引电机,正常维持运行。若不正常恢复上述三台电机,切除另外三台电机维持运行。条件允许时逐一恢排除故障电机,如图 1-48 所示。

(5)若故障履历中包含主变压器过流故障或原边过流故障等故障信息时,要求乘务员立即降下受电弓,停车后请求救援。严禁乘务员再次升弓。

3. 微机报 APU 故障处理方法

切除故障 APU 后重新闭合主断路器,微机隔离界面如图 1-49 所示。

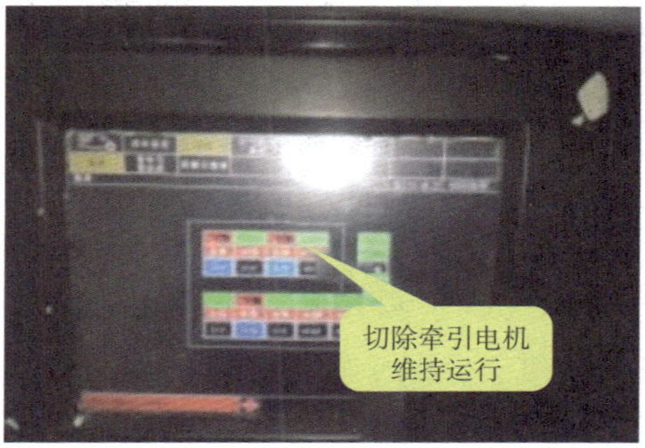

图 1-48　微机隔离界面(微机报 CI 故障)

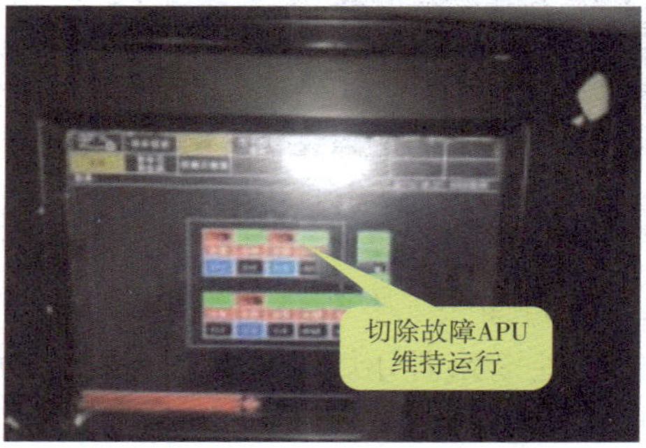

图 1-49　微机隔离界面(微机报 APU 故障)

4. 微机报列供故障处理方法

(1)转换故障列供控制 A/B 组(图 1-50)。

(2)断开故障列车控制电源空开 QA48、QA49,用一路供电维持运行(图 1-51)。

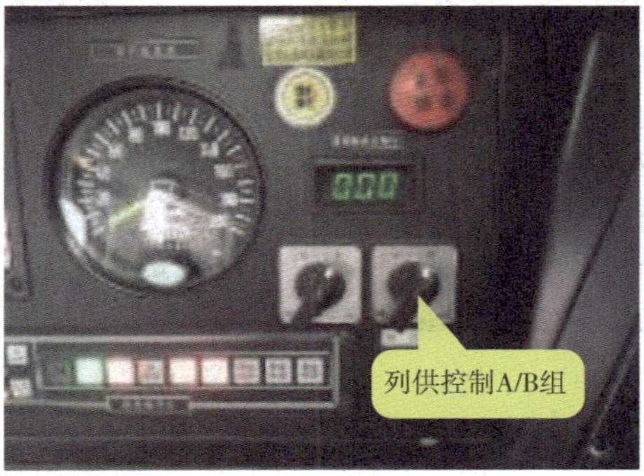

图 1-50　列供控制转换开关

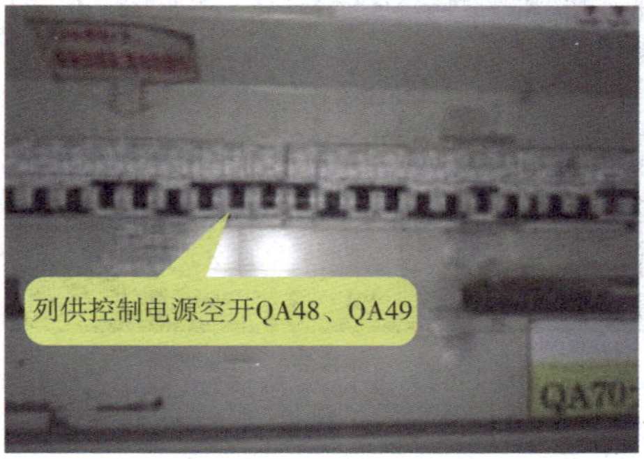

图 1-51　列车控制电源空开 QA48、QA49

5. 微机报主断路器异常处理方法

(1)降弓、按微机复位。微机复位按钮如图 1-52 所示。

（2）反复按压微机继电器盘主断路器继电器后，手按主断路器继电器时看操作台主断路器分灯亮，立即请求救援，如图 1-53 所示。

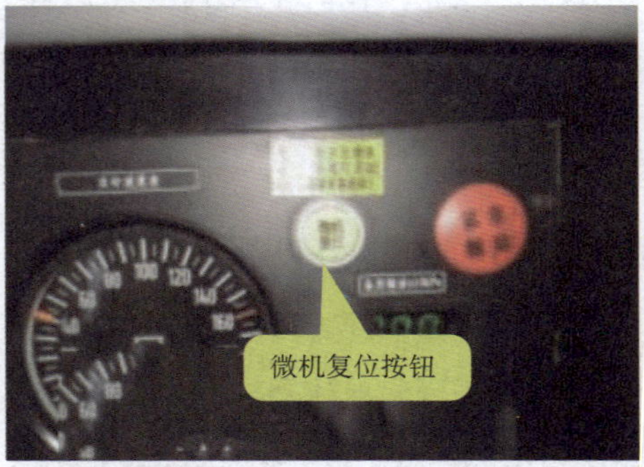

图 1-52　微机复位按钮

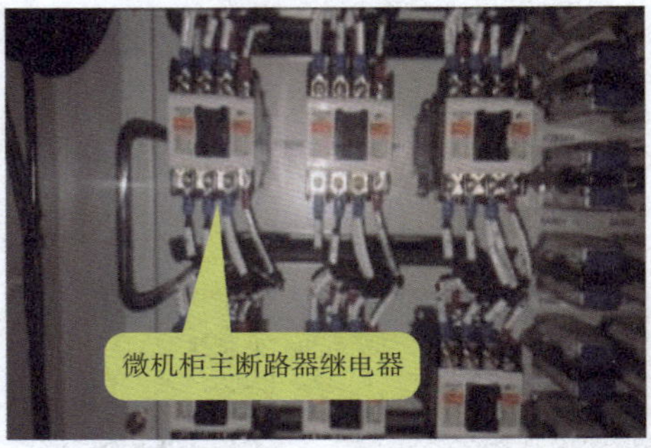

图 1-53　微机柜主断路器继电器

（3）如手按主断路器继电器时主断路器分灯灭时，再按压 5 次主断路器继电器，主断路器分灯与继电器保持一致，则升弓维持运行，主断路器指示分灯如图 1-54 所示。

6. 微机报布赫继电器 2 级动作或压力释放阀动作

（1）压力释放阀有油渗出或接触网跳闸，应立即请求救援，压力释放阀口如图 1-55 所示。

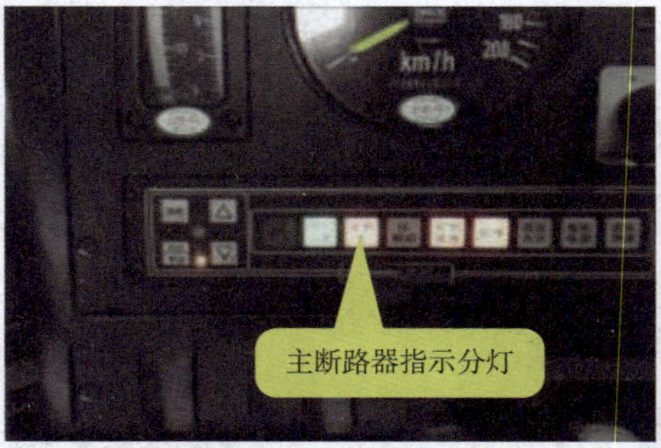

图 1-54　主断路器指标分灯

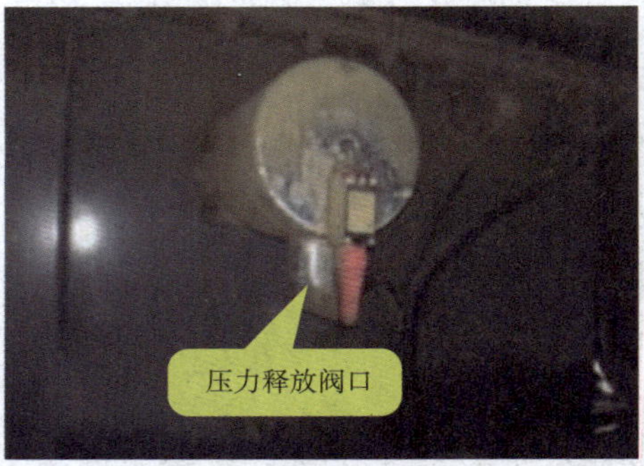

图 1-55　压力释放阀口

（2）压力释放阀无油渗出，检查变压器油温及网压正常时，可重新升弓合主断路器运行，如图 1-56 所示。

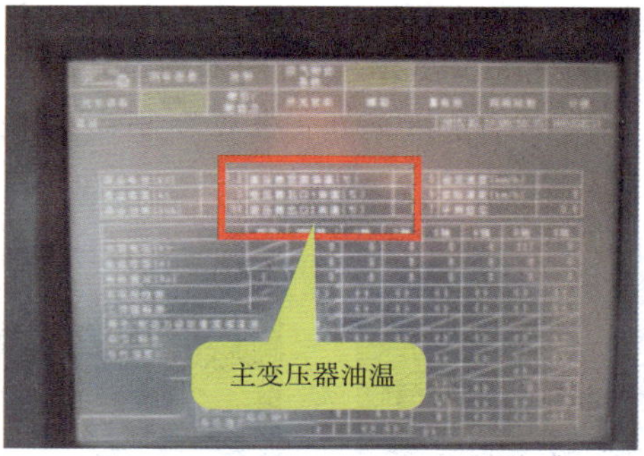

图 1-56 微机显示屏主变压器油温

四、受电弓无法降下的处理

处理方法:

1. 确认主断路器断开后,将制动柜内的 U99 蓝钥匙由“垂直”位打到“水平”位,如图 1-57 所示。

2. 待受电弓降下后,将升弓辅助箱内的受电弓隔离开关打到“隔离”位,如图 1-58 所示。

3. 然后将 U99 蓝钥匙打到垂直位,选择另一端受电弓进行升弓。

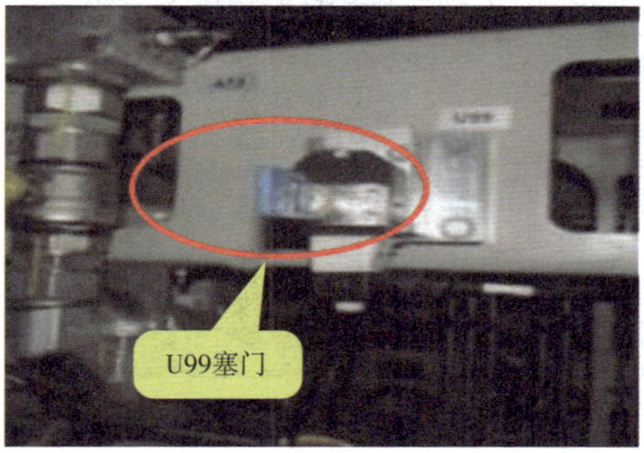

图 1-57 U99 塞门

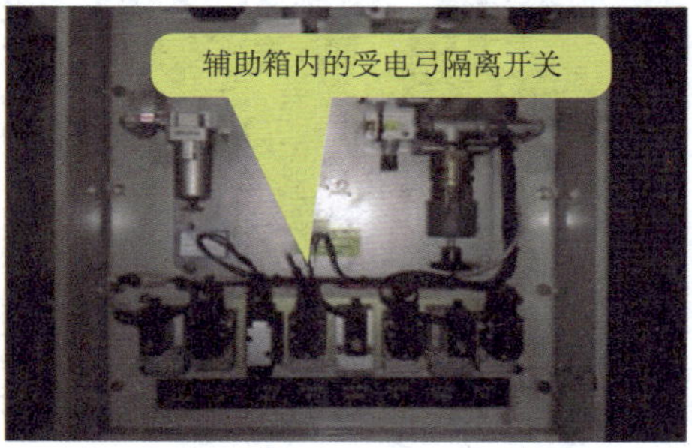

图 1-58 辅助箱内的受电弓隔离开关

五、提手柄无牵引力的处理

故障判断:机车升弓闭合主断路器,确认网压正常后,提手柄无牵引力,此时应进行如下检查:

1. 微机无故障信息

(1)确认总风压力高于 600 kPa,确认监控未发出卸载指令,如图 1-59 所示。

(2)确认在制动显示屏内确认机车处于非惩罚制动或紧急制动状态,如图 1-60 所示。

图 1-59　总风缸压力表高于 600 kPa

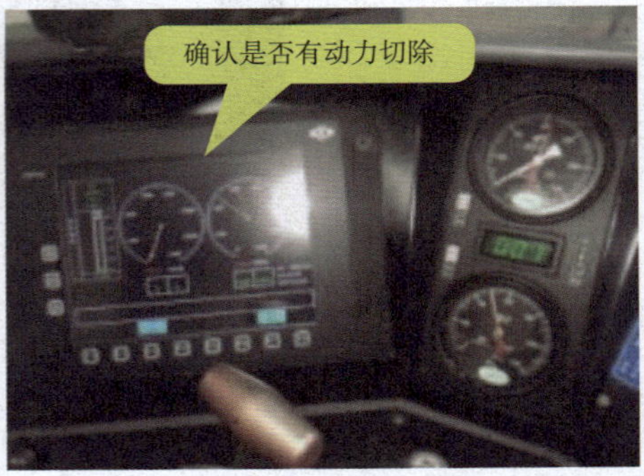

图 1-60　制动显示屏确认是否有动力切除

(3)确认停放制动已缓解,停放制动按钮显示熄灭(图 1-61),微机显示屏无停放制动显示标识(图 1-62)。

图 1-61　停放制动按钮

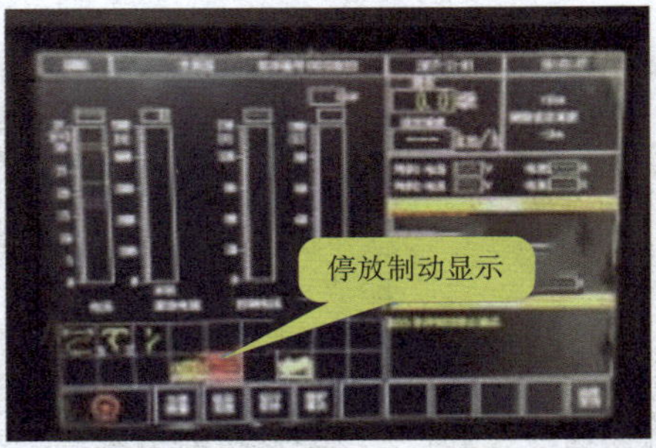

图 1-62　微机显示屏无停放制动显示标识

(4)在微机显示屏的隔离界面内,确认牵引变流器 CI 处于正常状态,如图 1-63 所示。

2. 微机有故障信息

(1)布赫继电器Ⅰ级动作处理方法:

微机报布赫Ⅰ级动作,检查变压器油温正常时,可通过排出布赫继电器内部空气消除故障,如图 1-64 所示。

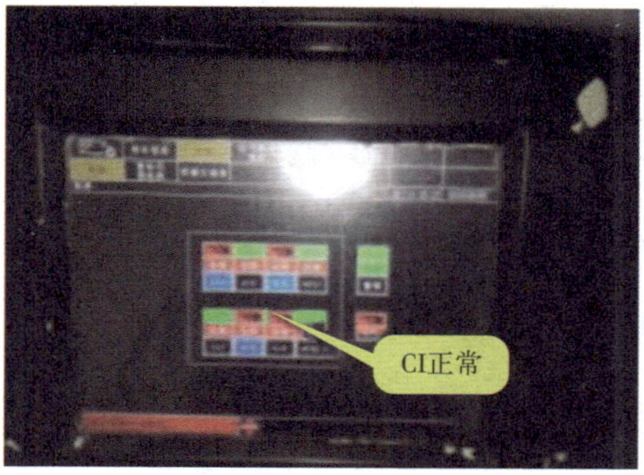

图 1-63 微机显示屏的隔离界面

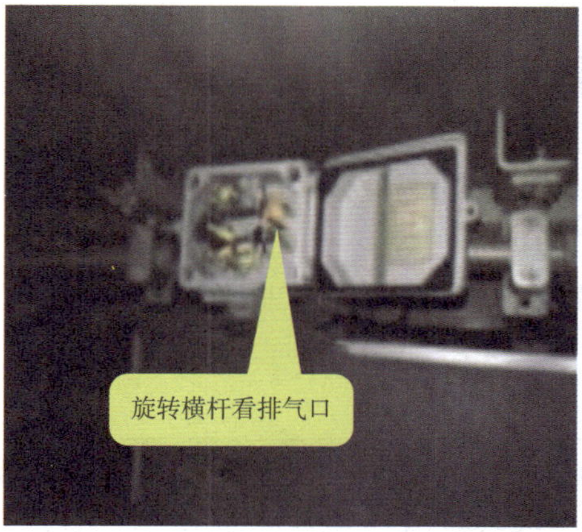

（a）

（b）

图 1-64 布赫继电器

（2）接触网网压低牵引封锁处理方法：

网压低时惰性运行，待网压正常时恢复正常运行。

（3）变压器温度高牵引封锁处理方法：

变压器温度高于 70 ℃低于 80 ℃时，可低手柄维持运行，检查复合冷却风机工作状态，如图 1-65 所示。

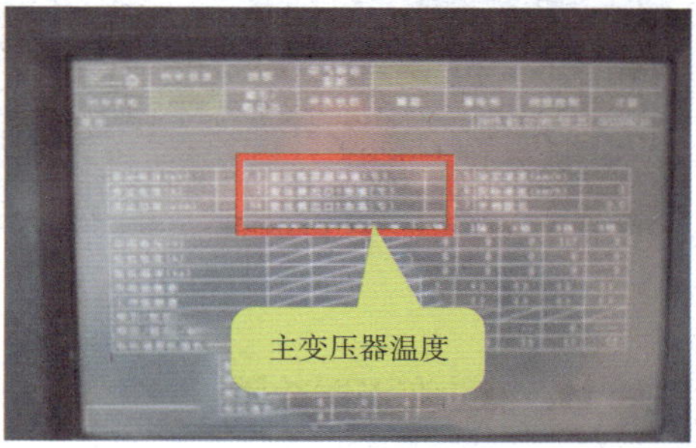

图 1-65 显示屏变压器油温界面

（4）牵引电机温度高牵引封锁处理方法：

温度高牵引封锁时，将温度高的电机进行隔离维持运行，如图 1-66 所示。

图 1-66　微机隔离界面

六、微机屏自动跳变后提手柄无牵引力

1. 将司控器手柄提升至监控限制速度的级位，查看监控机车速度是否上升（注意监控限速）。

2. 如速度依然没有上升，条件允许时进行微机小复位，小复位无效时维持的前方站或停车进行大复位处理。

3. 如机车速度上升，说明机车实际有牵引力，条件允许时进行微机小复位，如图 1-67、图 1-68 所示。

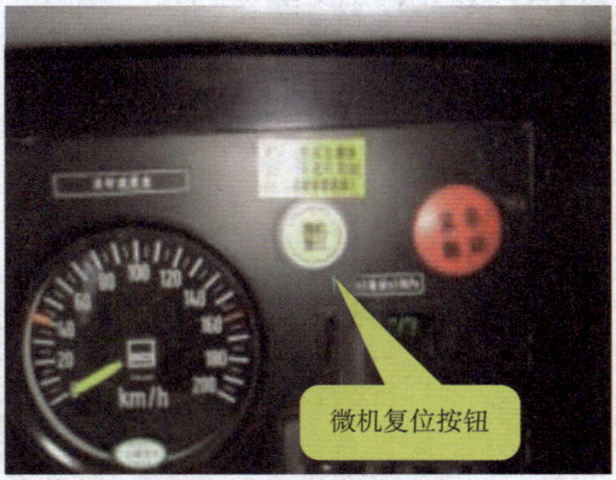

图 1-67　微机复位按钮

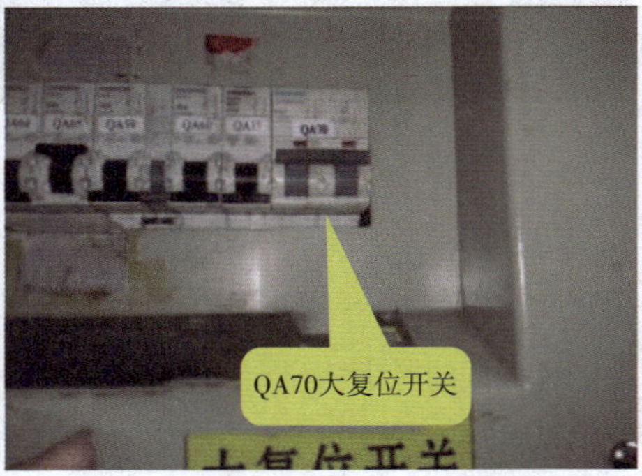

图 1-68　大复位开关

七、辅助变流器故障

1. 微机没有故障信息：

（1）断开主断路器、降弓、调速手柄回“0”位，按司机台复位按钮进行复位操作后，重合主断路器如故障消除则继续运行。

（2）断开再闭合控制电器柜辅变流器自动开关 QA47、QA67。

(3)仍不能工作则重新闭合大复位开关 QA70 脱扣。

2. 微机报 APU1(APU2)接地处理方法:

(1)微机报故障后自动恢复,APU 工作正常无需处理。

(2)如果主断路器未跳开,应断开电炉子、空调、暖风机、车体通风机继续维持运行。

(3)如果主断路器跳开,将各辅机脱扣全部断开,闭合主断路器后依次闭合各辅机脱扣(间隔 5 s),将接地辅机甩除后同时将隔离对应的 CI 或变流器,如图 1-69 所示。

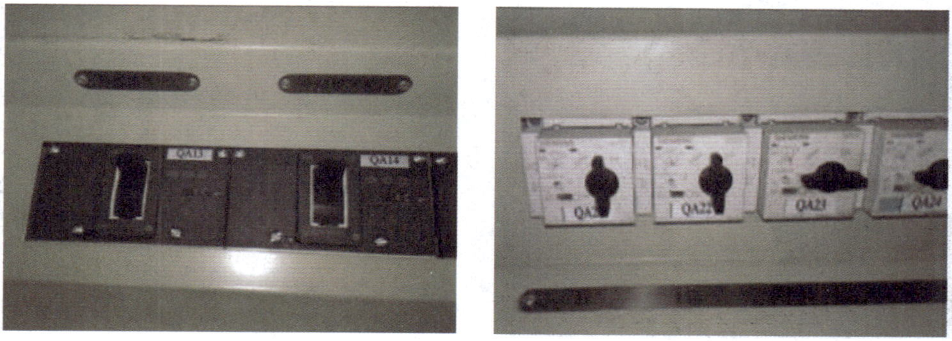

(a)　　　　(b)

图 1-69　各辅机脱扣

3. 微机报 APU1、APU2 准备异常或 APU1、APU2 预备异常处理方法:

(1)条件允许时断开主断路器,降弓对微机进行小复位(图 1-70)。

(2)微机启动后在未闭合主断路器之前,重新开放 APU1、APU2(图 1-71)。

(3)最后闭合主断路器。

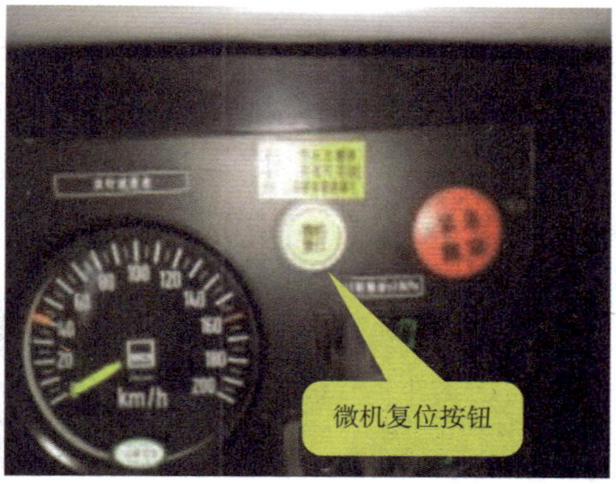

图 1-70　微机复位按钮

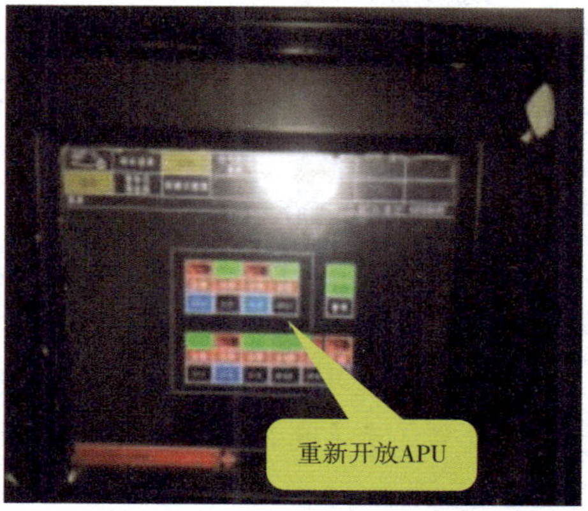

图 1-71　微机隔离界面(重新开放 APU)

八、空压机不动作

1. 必须确认辅助变流器工作正常，手动强泵空压机正常，维持运行注意总风缸风压力，如图 1-72 所示。

2. 手动强泵空压机也不工作，按压微机柜内继电器盘空压机继电器维持运用，如图 1-73 所示。

注意：一旦机械间内的防火探头报警，应立即将该风泵脱扣断开。

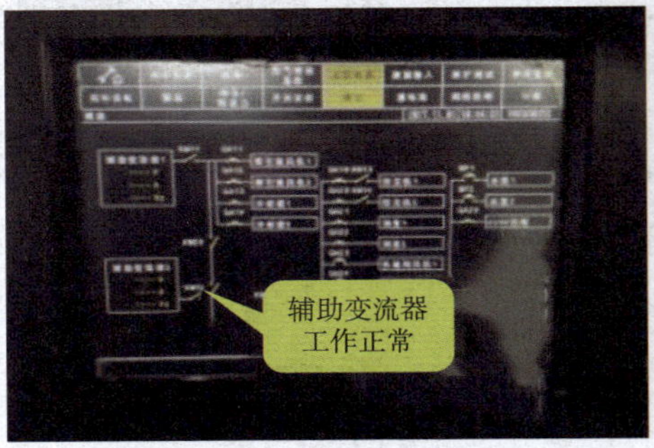

图 1-72　辅助变流器界面

图 1-73　空压机继电器

3. 微机报压缩机 MA19/20 超温超压、低温预热保护处理方法：

（1）检查空压机油位，油位正常且空压机无过热现象时，可将应急开关置“短接”位。

（2）检查空压机无油位或空压机有过热现象时，断开相应空压机断路器。

4. 微机报压缩机 MA19、MA20 故障处理方法：

空压机断路器下压到底后，再向上推至“闭合”位。

九、空压机运转总风缸压力不上升

1. 总风压力 900 kPa 左右时，压力停止上升安全阀未动作，按压微机屏下部【机车设置】，输入密码“000”按压【确认】，上方出现选项点【数据输入】，然后点【其他设置】选【间歇式】，如图 1-74～图 1-76 所示。

图 1-74　总风缸压力表

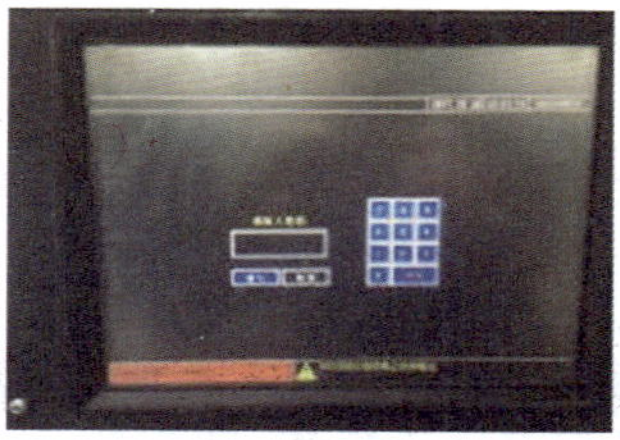

图 1-75　【机车设置】,输入密码“000”

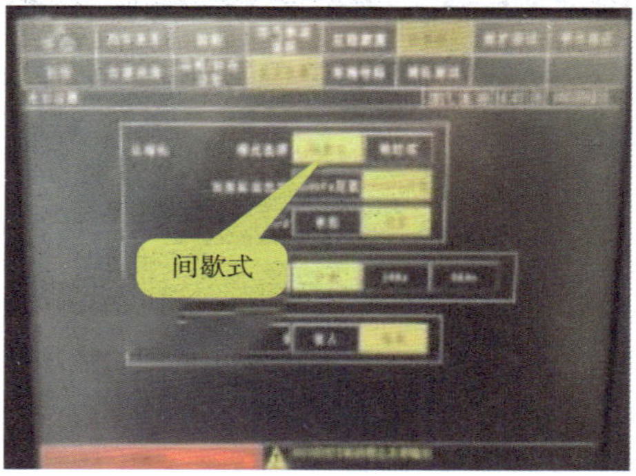

图 1-76　【其他设置】选【间歇式】

2. 总风缸压力上升缓慢时：

(1)车下排污漏泄,关闭排污阀截断塞门维持运行；

(2)空压机进风口吸力小,则应将进风口处的空气过滤器拆下。

3. 安全阀排风不止：

不影响时维持运行,影响时切除故障端空压机,将隔离塞门关闭,如图 1-77 所示。

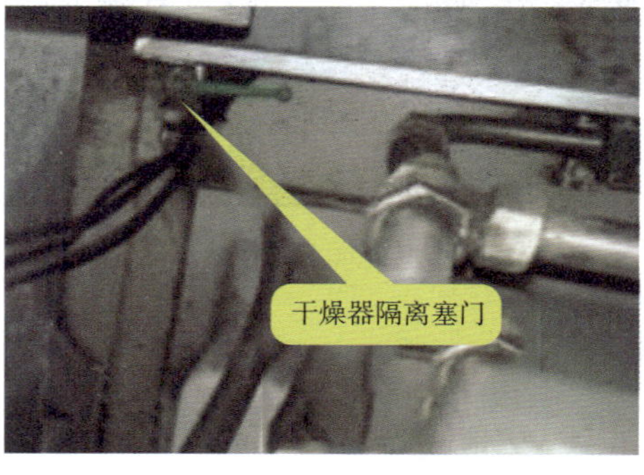

图 1-77　干燥器隔离塞门

十、牵引通风机故障

1. 乘务员将相应 CI 切除，维持到前方停车站后（图 1-78）。

2. 将控制电器柜上的牵引通风机脱扣下压到底后，重新闭合。

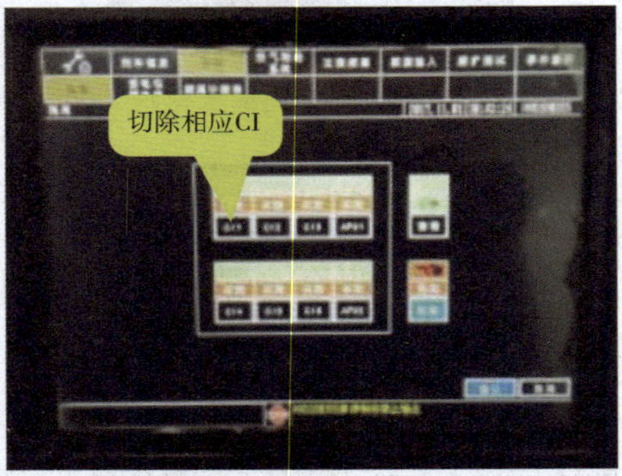

图 1-78　微机隔离界面（牵引通风机故障）

十一、复合冷却器风机故障

1. 乘务员将相应 CI 和 APU 切除，维持到前方停车站后（图 1-79）。

2. 将控制电器柜上的复合冷却通风机脱扣下压到底后，重新闭合。

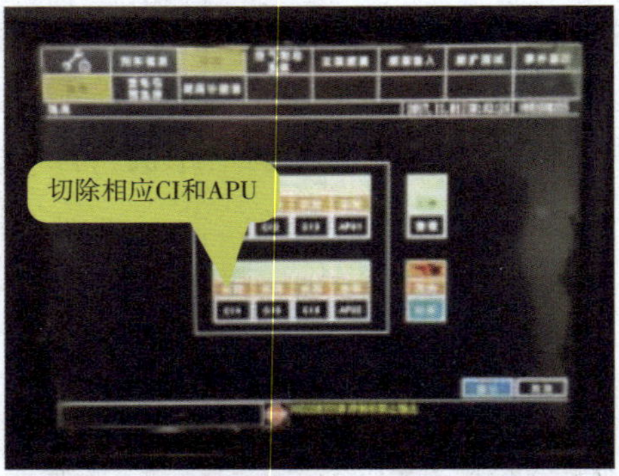

图 1-79　微机隔离界面（复合冷却器风机故障）

十二、列车供电故障

1. 列车供电负线（正线）接地故障

（1）乘务员首先与后部车辆进行联系，请求车辆乘务员断开所有负载，如空载试验正常，要求车辆乘务员查找接地点。

(2)断开列车供电钥匙开关,将 AB 组转换开关打到另一组重新闭合电钥匙(图 1-80)。

(3)将接地列车供电柜上接地开关打到“隔离”位(图 1-81)。

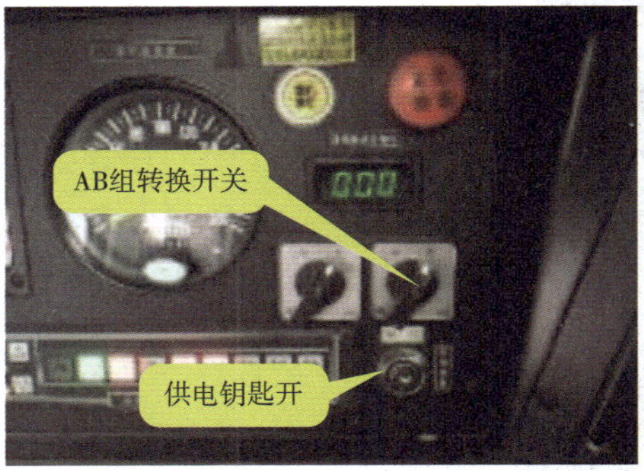

图 1-80　列供控制转换

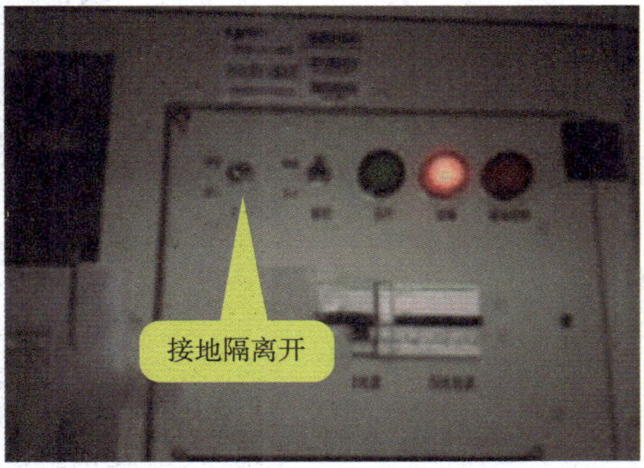

图 1-81　列供接地开关

2. 过流故障

(1)运行中发生过载故障时,应重新供电一次,如能消除故障则继续运行。

(2)如频繁过载,断供电钥匙及主断路器,将供电转换开关转换到另一组,再合主断路器重新供电。

(3)仍不能消除则应通知车辆乘检查找故障点。

3. 直流侧过压

(1)运行中微机状态屏偶尔提示直流侧过压时,如能很快消除,属正常现象,无需处理。

(2)如长时间提示某一路过压,应和车辆乘检联系确认车辆 600 V 电压是否正常,正常时维持运行,回段处理。

(3)如车辆 600 V 电压不正常,则通知车辆乘检将负载转至正常的一组维持运行。

(4)断供电钥匙及主断路器,将供电转换开关转换到另一组,再合主断路器重新供电。

4. LG1、LG2 通信异常;LG1、LG2 供电柜过热报警;LG1、LG2 辅机联锁故障

(1)微机显示屏报出 LG1、LG2 通信异常时,查看 6A 显示屏列车供电电压数值,如果输出数值正常可以维持运用。

(2)如果报出 LG1 或 LG2 过热保护时,将 A、B 组转换至另一组,如果继续报过热故障时使用未报故障的一路直供电维持运行。

（3）显示 LG1、LG2 辅机联锁故障时，列供正常时不用处理，不正常时将供电柜内辅机脱扣重新闭合，如图 1-82 所示。

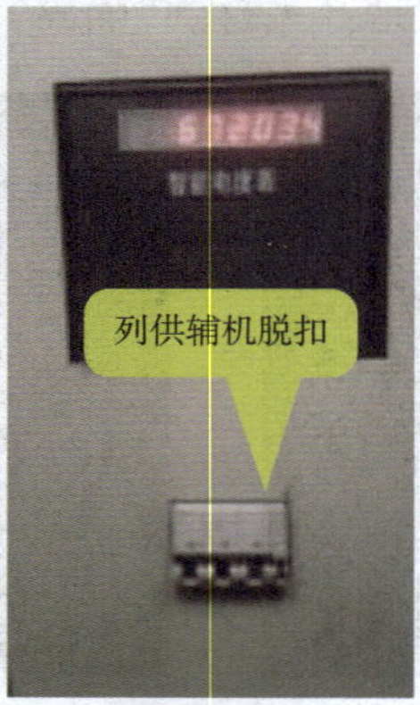

图 1-82　列供辅机脱扣

十三、机车起车时出现全车抖动现象

（1）切除三台牵引电机，如正常维持运行。

（2）若不正常恢复上述三台电机，切除另外三台电机维持运行。

（3）条件允许时逐一恢复切除的电机，如图 1-83 所示。

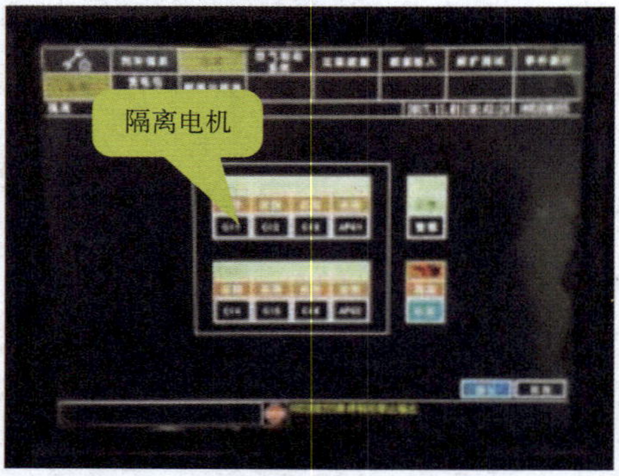

图 1-83　微机隔离界面（机车起车时出现全车抖动）

十四、CI * PT100 故障、M * 温度高降功率、牵引电机 * 温度异常故障

（1）不用停车，乘务员先将故障电机切除。

（2）查看 6A 显示屏内的轴报信息，该轴温度显示正常乘务员可正常运用。

（3）若有出现温升或超温报警时，按轴报报警处理方法运行。

十五、PSU 通信异常、输入过流、IGBT 短路、晶闸管故障、中间不建立等故障

1. 控制电压正常时，正常运行（图 1-84）。
2. 控制电压低于 98 V 时，在充电柜上选择充电单元，如图 1-85 所示。

图 1-84 隔离电压表

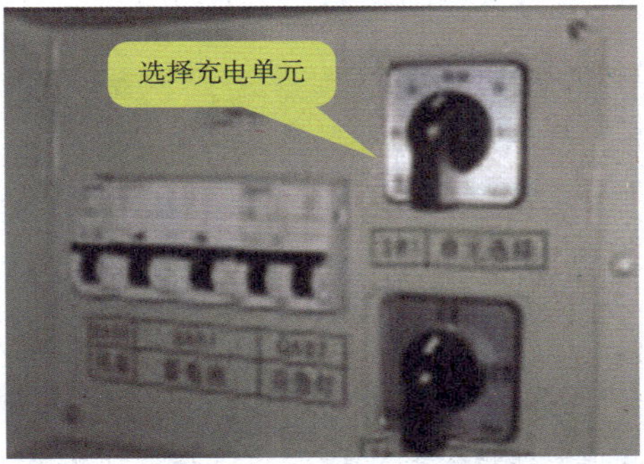

图 1-85 充电单元选择开关

十六、故障指示灯“控制接地”亮时的处理

1. 不影响运行时可不处理，维持运行。有条件时恢复 QA59 开关。
2. 影响运行时，查看其他开关是否跳开，闭合跳开的开关维持运行。

十七、单轴速度传感器异常的处理

乘务员应立即使闸停车，单缓小闸后对该轴闸瓦间隙进行检查，一旦发现有单轮不缓解现象，应使用活扳手对该轮盘外侧闸瓦间隙调整螺栓进行顺时针调整，如图 1-86 所示，直到闸瓦与闸盘间存有间隙后，再将制动柜内该转向架的制动缸隔离阀关闭，使用另一架制动缸压力维持回段。

图 1-86 闸瓦间隙调整螺栓

十八、自动过分相故障

1. 微机报自动过分相故障时处理方法：

(1)手动维持运行。

(2)重新闭合 QA52(图 1-87)或自动过分相控制盒上的开关(图 1-88)。

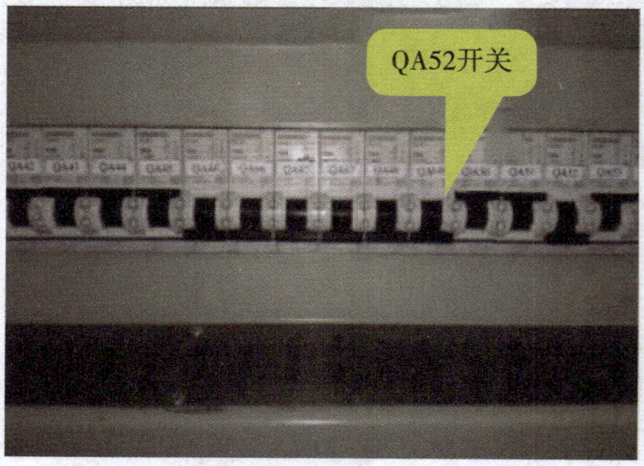

图 1-87　QA52 开关

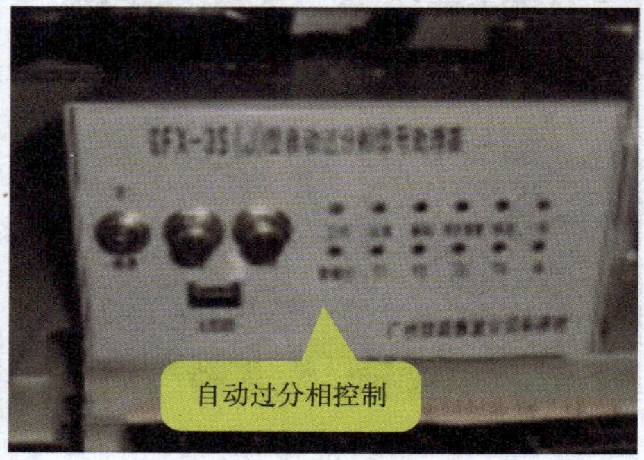

图 1-88　自动过分相控制开关

2. 微机无故障信息时处理方法：

(1)手动维持运行。

(2)条件允许时对微机系统进行小复位。

注意：自动过分相故障消除后，机车乘务员要重点注意后三个分相区，看自动过分相是否正常。

十九、微机报油泵 1、2 故障

1. 在控制电器柜确认“油泵 1”或“油泵 2”空气自动开关是否跳开，断合几次，防止假跳，如图 1-89 所示。

2. 仍不运转时，切除对应架 3 组主变流器维持运行。

3. 如牵引力不够，则可暂时不切除主变流器，维持运行到所需前方站，根据牵引线路所需牵引力是否可以切除 3 组主变流器运行。

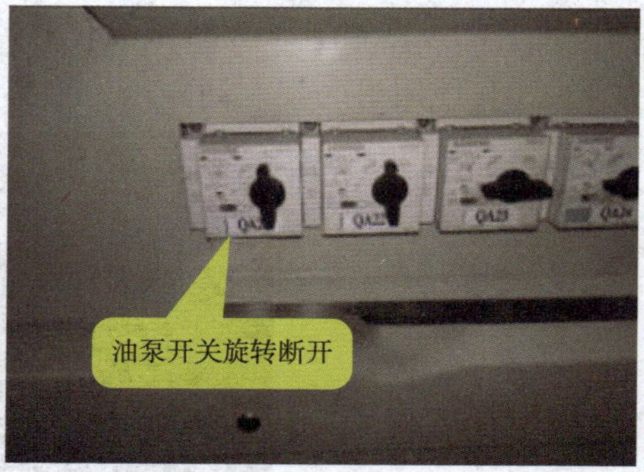

图 1-89　油泵断路器

二十、机车制动机不缓解

1. 制动系统没加电，QA50 制动柜电源没给，机车电钥匙没闭，如图 1-90、图 1-91 所示。

图 1-90　机车电钥匙

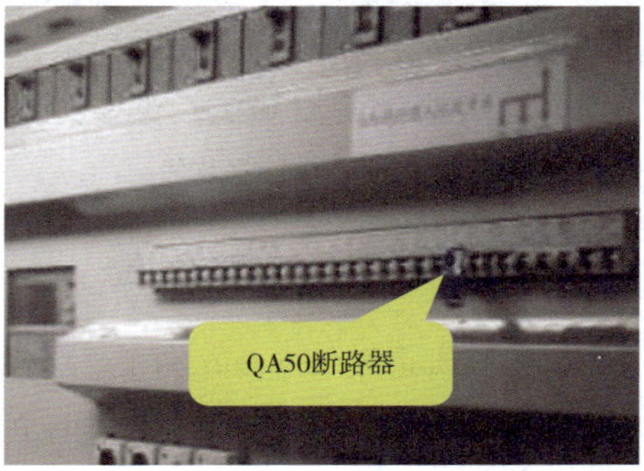

图 1-91　QA50 断路器

2. 制动屏设置不正确，本务机车正确设置是：本机、直接缓解、不补风、平稳投入，如图 1-92 所示。

3. LCDM 有故障记录。制动系统记录惩罚制动或紧急制动，故障未消除机车无法缓解，如图 1-93 所示。

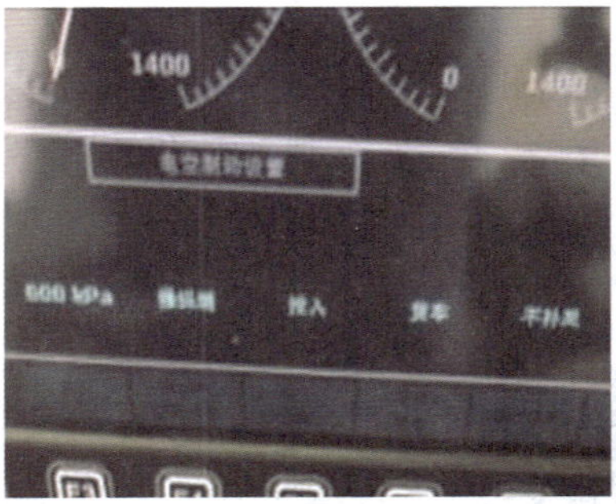

图 1-92　制动屏设置界面

图 1-93　制动系统记录

二十一、和谐机车制动缸无压力

1. 机车平均管开放后本务机车无制动力。平均管如图 1-94 所示。

2. 制动缸塞门关闭，机车制动缸压力不起，如图 1-95 所示。

图 1-94　平均管

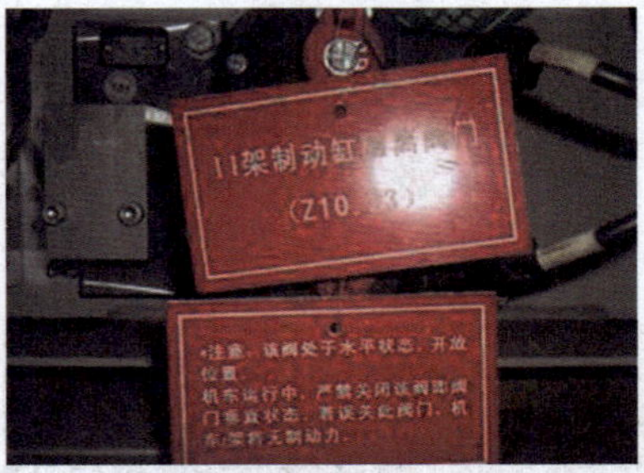

图 1-95　制动缸塞门

二十二、和谐机车风泵油位

1. 压缩机运转约 5 min,停止后 5～20 min,压力会完全卸去。

2. 检查压缩机油位,油位应在上下刻线间。从下刻线到标记到上刻线标记补充油 500 mL。

由于油面波动允许油位略高于油尺的上刻线 1 cm,超过 1 cm 的油要放出。换上新的密封圈(科诺尔风泵加油口密封铝垫,其他螺杆泵加油口有密封胶圈)。

二十三、空气备用制动系统使用方法

1. 采用空气制动时首先将转换塞门(D03)打至平行于管位置(D03 在司机操纵台中门内),如图 1-96 所示。

2. 关闭制动微机电源(QA69),QA69 在电源柜最下排,如图 1-97 所示。

3. 将备用操纵阀 D02 减压 170 kPA 至“中立”位,列车制动后开放机车端部平均管塞门,如图 1-98 所示。

4. 制动机保压试验正常后开车。

图 1-96　备用制动转换塞门

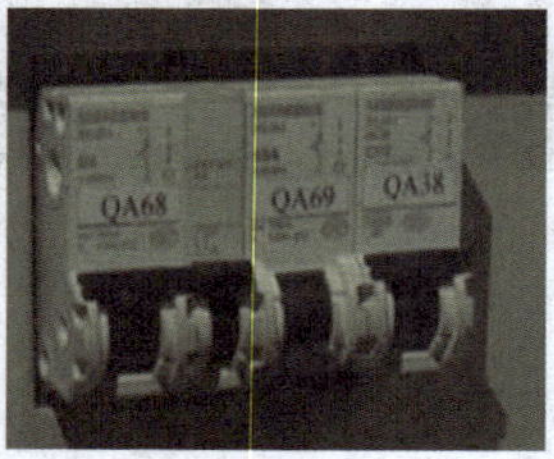

图 1-97　制动微机电源

图 1-98　平均管

注:备用空气制动系统为纯空气制动系统,只在电空制动系统出现故障时使用。

二十四、供风压力调节

1. 双风管调压阀位置：非操纵端风泵处。

2. 松开双风管调压阀备母。

3. 由低向高调整压力时，顺时针旋转调压阀顶杆供风压力增大。

4. 由高向低调整压力时，需逆时针旋转调整阀顶杆供风压力减小，必须下车排放机车端部总风管压力后再观察双风管压力值，如图 1-99 所示。

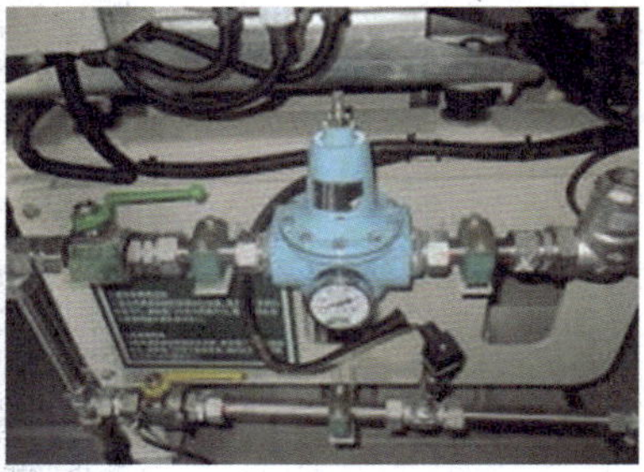

图 1-99　双风管调压阀

第四节　SS9 型电力机车故障处理

一、双受电弓升不起的处理

1. 查看总风压力是否在 450 kPa 以上，如风压不足检查控制风缸风压，控制风缸风压在 600 kPa 以上时打开 97 号阀；若控制风缸风压不足 600 kPa 时，关闭 97 号阀，按压制动柜内辅泵进行打风（图 1-100），确保辅助风缸内风压 600 kPa 以上。

2. 如双弓升不起，检查脱扣 602QA 跳开合上（图 1-101）（电源控制柜内）。

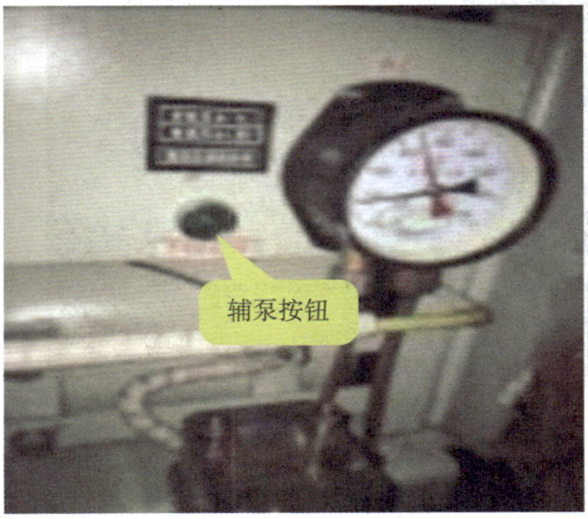

图 1-100　辅泵按钮

图 1-101　602QA

注：风压不足时，严禁进行升弓操作。

3. 甩 A/B 阀，再次进行升弓操作，如图 1-102 所示。

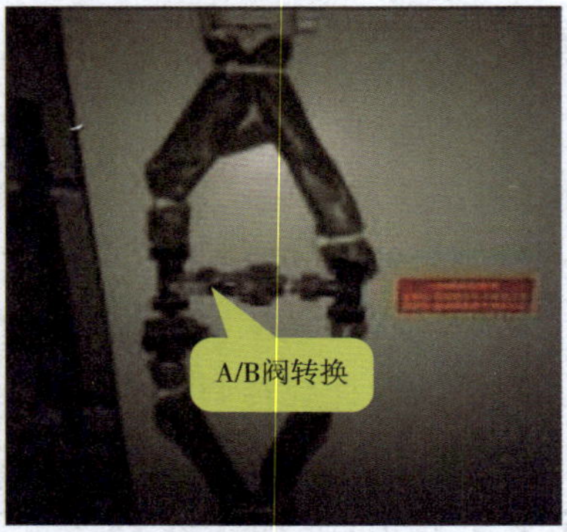

图 1-102　A/B 阀转换

二、主断路器合不上的处理

1. 反复进行分合主断路器操作。

2. 检查“0”位灯是否亮，牵引手柄是否在机械“0”位，总风压力是否在 450 kPa 以上，牵引电机接触器是否在释放状态，如图 1-103 所示。

3. 检查无异常，检查脱扣 603QA(图 1-104)是否跳开，如跳开，下扳到底，重新合上。

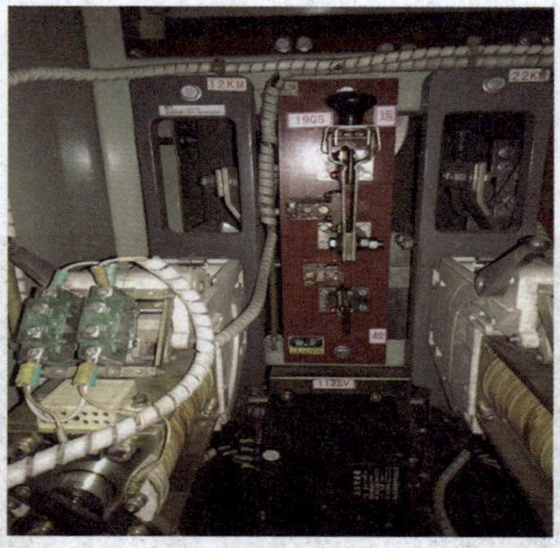

图 1-103　牵引电机接触器

图 1-104　603QA

4. 还合不上主断路器，转换逻控(图 1-105)，再合主断路器。

三、主接地跳主断路器的处理

1. 发生主接地后立即停车，并根据微机屏显示将一高压柜内一架隔离开关

图 1-105　转换逻控

95QS、二高压柜内二架隔离开关 96QS 置“中立”位。接地隔离开关如图 1-106 所示。

2. 如依然主断路器合不上，检查主接地继电器，如发现主接地继电器不复位，手动按压继电器复位按钮。接地继电器如图 1-107 所示。

3. 合上主断路器后进行高压提流试验，如有某一电机无流或电流波动较大，立即将该电机甩除，如图 1-108 所示。

4. 运行中如出现某一电机电流波动大，可将微机打至另一架位维持运行至前方站，停车将故障电机甩除，如图 1-109 所示。

图 1-106　96QS

图 1-107　接地继电器

图 1-108　牵引电机隔离开关

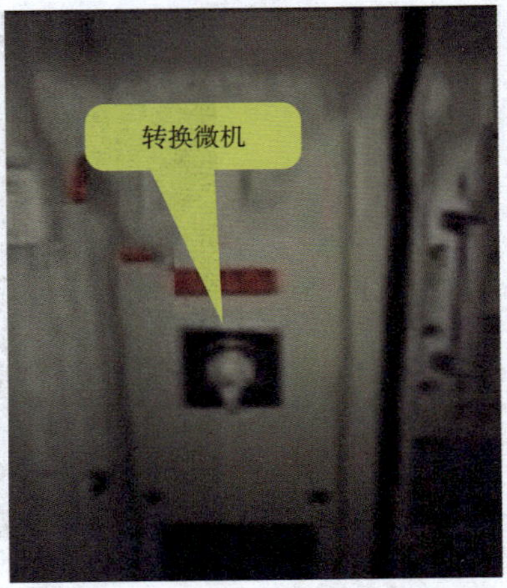

图 1-109　转换微机

四、蓄电池不充电的故障处理

1. 运行中发现蓄电池不充电，检查电源柜内 600QA 脱扣是否跳开（图 1-110），如果跳开重新闭合。

2. 闭合后还不充电，将电源箱 A、B 组转换至另外一组（图 1-111）。如还不充电盯住控制电压维持运行并立即反馈故障信息。

图 1-110　600QA

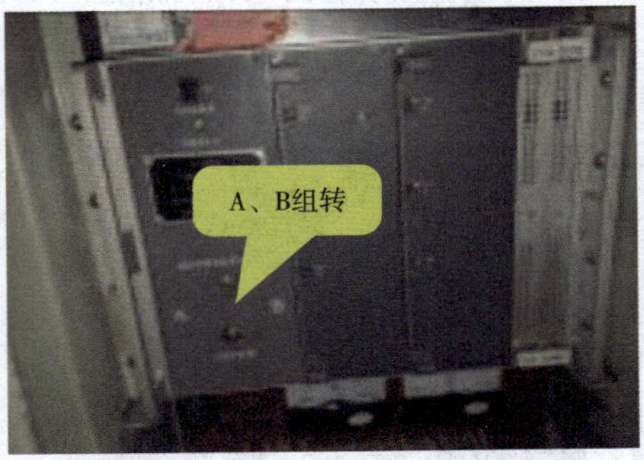

图 1-111　充电单元转换

五、辅接地、辅过流跳主断路器处理

1. 发生辅接地后，闭合主断路器正常为瞬间接地或过流，正常运行注意观察各辅机工作状态。

2. 若合不上主断路器需将辅接地隔离开关 237QS 置“故障”位再合主断路器维持运行，入库后进行提票。辅助接地隔离开关如图 1-112 所示。

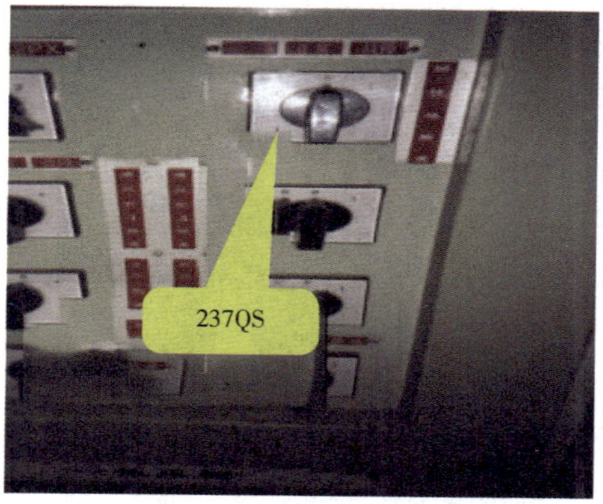

图 1-112 237QS

六、网压欠压跳主断路器处理

1. 机车显示欠压跳主断路器，要立即降弓停车，确认网压并联系车站确认接触网状态。

2. 无机车网压正常，欠压灯还不灭，将欠压隔离开关打至“隔离”位，维持运行，如图 1-113 所示。

3. 如发现接触网网压为 0 时，严禁将隔离开关打至“隔离”位。

图 1-113 欠压隔离开关

七、牵引电机过流跳主断路器处理

1. 机车牵引电机灯亮，跳主断路器后，重新合主断路器，能合上为瞬间过载，不处理，观察运行。

2. 发现某一电机电流存在异常，将异常电机进行甩除，如图 1-114 所示。

3. 如合不上，查看微机提示将过载电机甩掉。

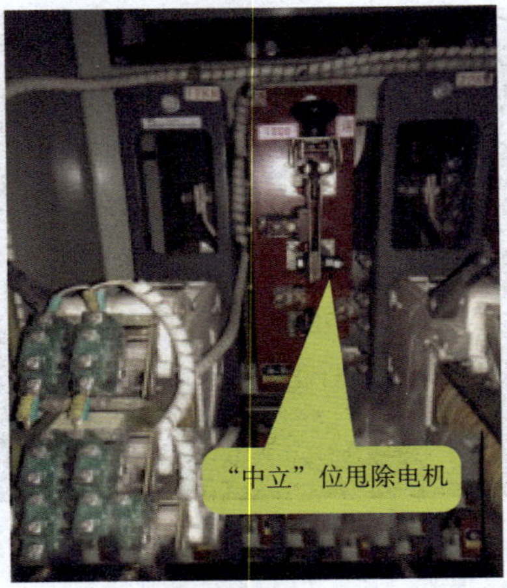

图 1-114　牵引电机隔离开关

八、小齿轮弛缓跳主断路器处理

1. 如启车电流过大或不良天气造成空转，某一电机与其他电机电流相差超过 30% 跳主断路器，再合主断路器应正常。

2. 反复合不上主断路器可将电流较低的电机的隔离闸刀（高压柜内）置“中间”位。

九、原边过流跳主断路器处理

1. 重新合主断路器，如能合上为瞬间过流，不做处理。原边过流继电器如图 1-115 所示。

2. 如合不上主断路器，检查 101KC 是否犯卡，或触头粘连，手动几下，重新合主断路器，能合上为 101KC 误动作，继续运行。

3. 不能合主断路器，仍显示原边过流灯亮，需立即停车，检查车顶是否有变压器油流出，或者车下 T 形头是否存在放电现象，如有以上现象，需立即请求救援，并且不能进行升弓作业。

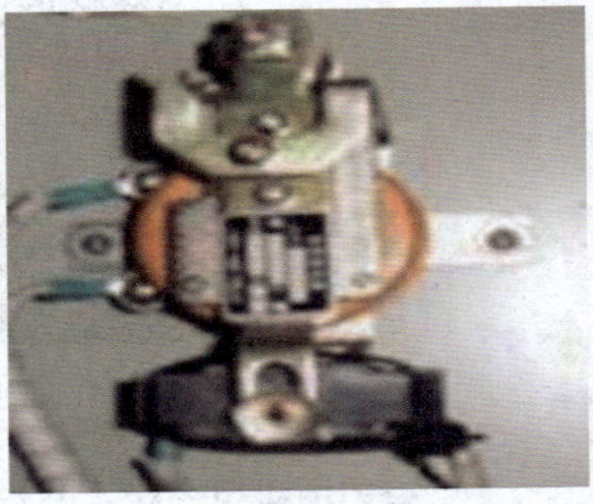

图 1-115　原边过流继电器

十、次边过流跳主断路器处理

1. 重新合主断路器，如能合上为瞬间过流，不做处理。

2. 如合不上主断路器，原因多为晶闸管击穿所致，用微机查询哪架整流桥过流，并观察哪架牵引电流低，把微机转换开关转到电流高的那架，低手柄维持运行。如不行将故障架三台牵引电机甩掉，用三台电机维持运行，并把微机开关打到工作架位。

十一、劈相机故障处理

1. 劈相机不工作，检查劈相机脱扣是否合上，如图 1-116 所示。

2. 若脱扣闭合后还不工作，转换逻控再起劈相机，如图 1-117 所示。

3. 还不工作，将劈相机 242QS（Ⅰ端低压柜门外）置“2PX”位，如图 1-118 所示。

4. 2PX 还不启动，将 296QS（Ⅰ端低压柜内）置“故障”位，转换 283AK、213KM，如图 1-119 所示。

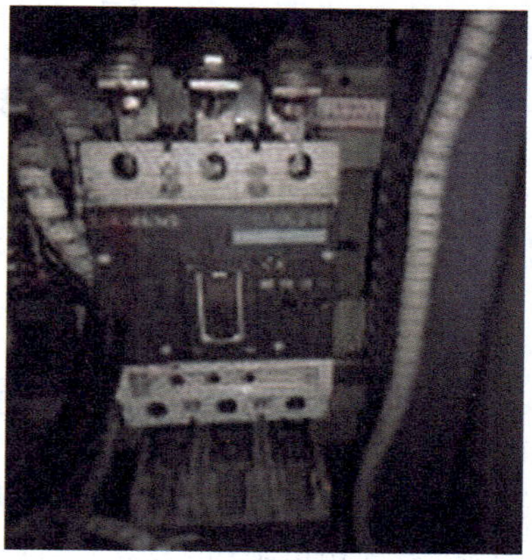

图 1-116　劈相机脱扣

图 1-117　转换逻控开关

图 1-118　242QS

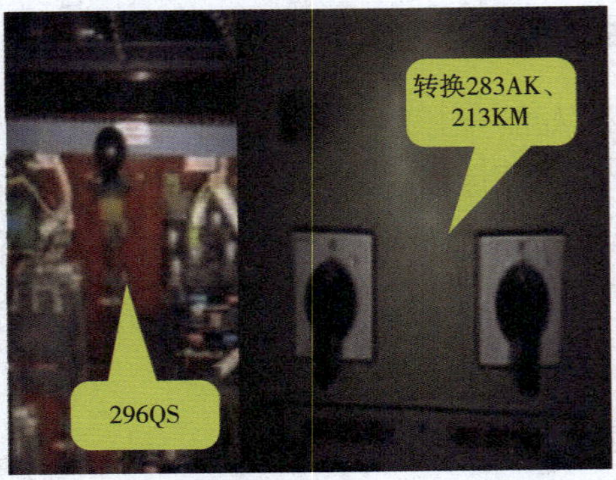

图 1-119　296QS、283AK、213KM 转换开关

十二、回手柄“0”位灯不亮处理

1. 将调速手柄移至机械“0”位，反复操作几次。
2. 检查 6 个牵引电机接触器是否有未断开的现象（Ⅰ、Ⅱ高压柜内）。
3. “0”位灯依然不亮，转换逻控。

十三、预备灯灭微机显示屏机车工况栏有“牵引”字样，机车无流无压处理

1. 如微机屏还无显示，观察监控屏右上角窗口看是否有原边电流。如有原边电流，看原边电流维持运行，如图 1-120 所示。

2. 在适当时机，按微机复位键 45 s 以上，或将电子控制脱扣置“分”位 1 min 以上，如图 1-121 所示。

图 1-120　监控屏电流显示

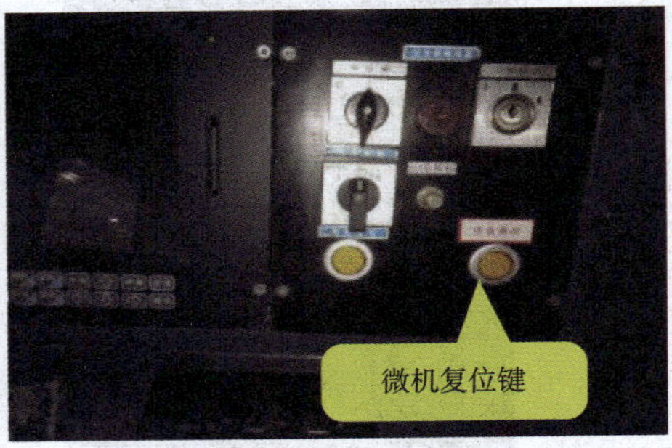

图 1-121　微机复位键

十四、提手柄预备灯不灭处理

1. 转换逻控。

2. 转换不到位，检查两位置转换开关闭合状态，不到位可手动换向，如图 1-122 所示。

3. 换向正常，确认线路接触器 12KM ~ 62KM 是否闭合到位，不闭合将对应电机故障开关打“中间”位，如图 1-123 所示。

4. 换向正常、接触器正常，重点检查风机运转状态，如正常，可将风速隔离开关 1、3 或 2、4 置“故障”位，如图 1-124 所示。

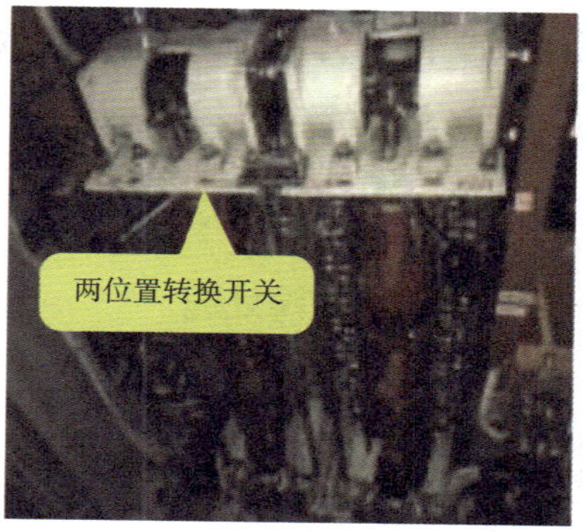

图 1-122　两位置转换开关

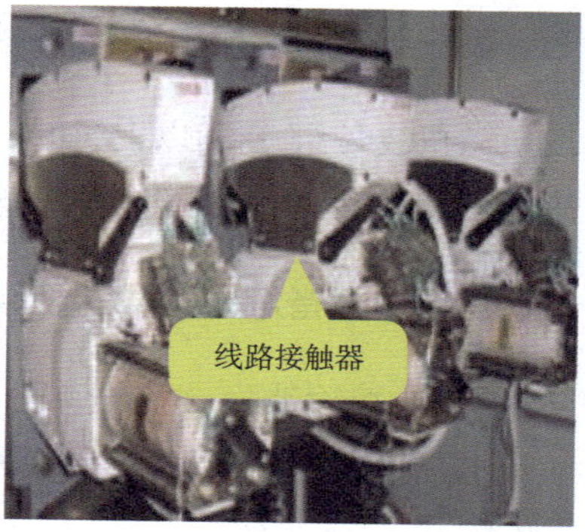

图 1-123　线路接触器

图 1-124　风速隔离开关

十五、控制回路接地灯亮处理

控制回路接地灯亮，电源柜内接地保护脱扣 616QA 跳开，可不做处理，机车入库后正常提票。

十六、主变压器风机、主变压器油泵故障处理

1. 将脱扣 227QA（Ⅰ端低压柜内）及 228QA（Ⅱ端低压柜内）完全下压后重新闭合。

2. 如脱扣闭合后还不工作，转换逻控。

3. 如变压器风机和变压器油泵仍不工作将变压器油泵故障隔离开关打至"隔离"位，维持运行。时刻观察变压器油温，如变压器油温上升趋势明显，及时反馈故障信息。

十七、某一架位牵引电机有电流有电压，另一架位无电流无电压的故障处理

1. 按压微机复位键 45 s 以上，如故障消除继续运行。

2. 故障依然存在，将微机转换开关转换至有电流有电压架位维持运行。

十八、运行中预备灯亮，微机显示某一牵引通风机故障处理

1. 转换逻控，故障消除，继续运行。

2. 故障没有消除，将检查牵引风机脱扣是否跳开，将脱扣完全下压后重新闭合。

3. 故障依然没有消除，将故障牵引风机隔离并将牵引风速开关打至"隔离"位维持运行至前方站，进行牵引电机甩除。

注：甩除第一牵引风机后需甩除第 1、2 牵引电机；甩除第二牵引风机需甩除第 5、6 牵引电机；甩除第三牵引风机需甩除第 1、2、3 牵引电机；甩除第 4 牵引风机需甩除 4、5、6 牵引电机。

十九、机车空转切流

1. 机车发生空转，回牵引手柄，空转消除后缓慢提流。

2. 还发生空转切流将微机柜面板上的防空转开关由"投入"位转至"切除"位。

3. 根据微机屏故障提示将微机打至不空转架位。

二十、直供电不良

1. 机车发生直供电不良时，将操纵台上供电 A/B 转换开关打至另外一组。

2. 如供电还没有恢复，转换逻控。

3. 如出现供电接地，先询问车辆乘务员车厢是否有接地，将供电柜内微机箱上的接地扳键打至“接地”位。

二十一、电控制动控制器（大闸）“运转”位不缓解

1. 检查制动电源柜电源电控制动和制动辅助两脱扣是否闭合，SS9G 型电力机车脱扣在第一排最后两个，SS9 型电力机车在第二排，如图 1-125 所示。

2. 检查空气制动阀微动开关是否在“电控”位，微动开关在小闸上部，电控位打向前—拉出；如开关在“空气”位则不缓解，如图 1-126 所示。

3. 检查 7 联电空阀总风塞门 157 正确位置手柄垂直地面，如图 1-127 所示。

4. 紧急放风阀 95 下部微动开关粘连机车不缓解，此时切断 DKL 上安全投入 464QS 后可以缓解机车，如图 1-128 所示。

5. 缓解电空阀 258YV 不得电，或没动作，转空气闸操作。

图 1-125　电源柜脱扣

图 1-126　气制动阀微动开关

图 1-127　总风塞门 157

图 1-128　紧急放风阀 95

二十二、风泵故障

1. 风泵不转动，检查扳键是否闭合，脱扣是否跳开。

2. 检查风泵油位，若风泵不缺油，短接风泵短接开关。若风泵仍不工作，甩除该风泵及干燥器，维持运行。

二十三、均衡风缸不保压

1. 制动后“中立”位均衡风缸不保压，听制动柜电空阀有无明显漏泄，最常见故障制动电空阀上阀口关闭不严，更换不良电空阀。电空阀如图 1-129 所示。

2. 制动柜电控转换塞门 153、客货转换塞门 154 漏泄，压力开关 208、209、210 漏泄，如图 1-130 所示。

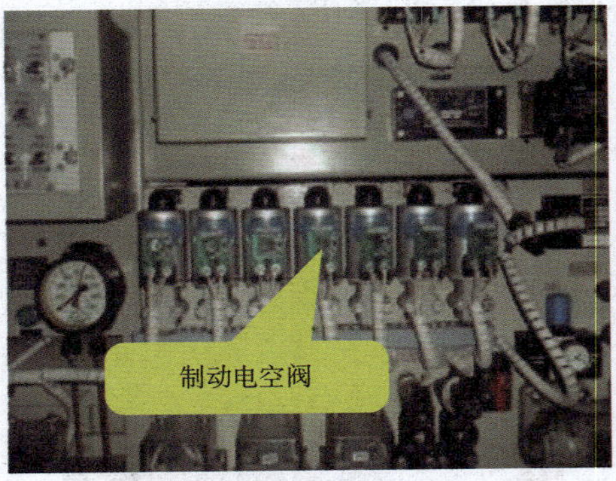

图 1-129　制动电空阀

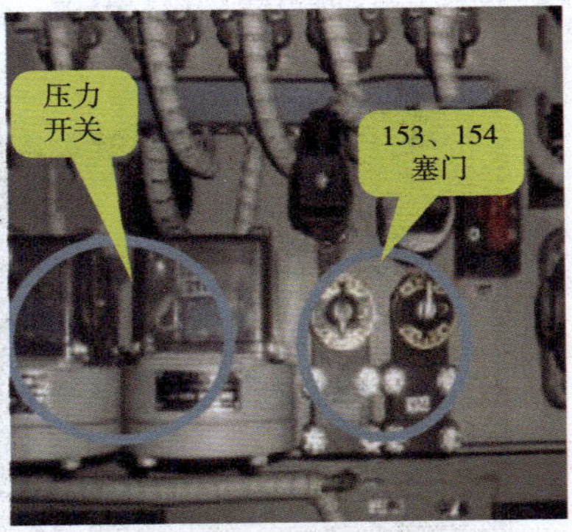

图 1-130　压力开关，153、154 塞门

3. 司机室空气制动阀座管接头（图 1-131）漏风（空气制动阀下部共三根管，在司机操纵台左侧门内），操纵台均衡风缸表管漏风（每块表后部连接两根管）。

4. 制动柜后部及地板下部均衡风缸管路漏泄。

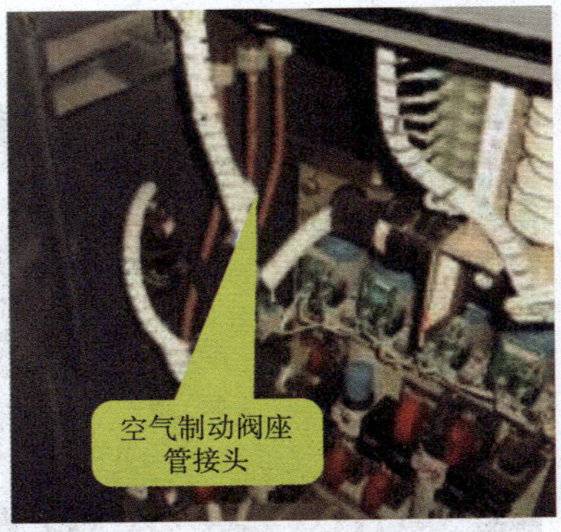

图 1-131　司机室空气阀接头

二十四、列车管不保压

1. 检查机车下部列车管折角塞门。检查列车管防撞塞门及附近管接头。

2. 操纵台列车管表管接头漏风。

3. 制动柜列车管接头漏泄，紧急放风阀阀口漏风，制动柜控制风缸下部通往94、95各接头易漏泄部位。

4. 车长阀管接头。SS9G型电力机车在司机室后墙；SS9型电力机车车长阀在副司机侧暖风机旁；车长阀下部管与列车管在司机室地板下面的接头也是易漏泄部位。

二十五、干燥器甩除操作

干燥器甩除条件：发生干燥器排风不止，总风压力无法建立时，进行甩除干燥器操作。

注：必须在故障台指挥下，才能进行干燥器甩除操作。

1. 开启G4塞门。注：G4塞门与管路平行开启，与管路垂直关闭。若不开启G4塞门，故障现象可能依然存在。G4塞门如图1-132所示。

2. 关闭K2塞门。注：K2塞门与管路平行开启，与管路垂直关闭。关闭K2塞门甩除Ⅰ塔排湿阀。若不关闭K2塞门，故障现象可能依然存在。K2塞门如图1-133所示。

3. 关闭K1塞门。注：K1塞门与管路平行开启，与管路垂直关闭。关闭K1塞门甩除Ⅱ塔排湿阀。若不关闭K1塞门，故障现象可能依然存在。K1塞门如图1-134所示。

4. 关闭K3塞门。注：K3塞门与管路平行开启，与管路垂直关闭。关闭K3塞门甩除排污阀。若不关闭K3塞门，故障现象可能依然存在。K3塞门如图1-135所示。

图1-132　G4塞门

图1-133　K2塞门

图 1-134　K1 塞门

图 1-135　K3 塞门

二十六、转空气闸操作

（一）转空气闸操作的注意事项

1. 开车前,要撤除止轮器。

2. 电空扳钮要扳到位,否则机车无制动力或制动缸压力不起。

3. 确认微机显示屏右下角无“停放制动”显示,停放制动灯灭。

4. 转空气闸前,确认总风缸内压力,若总风压力低,无法进行空气闸转换。

5. 转空气闸运行条件:发生电空闸无法正常使用,且影响行车安全故障时,转空气闸使用。

注:必须在故障台指挥下,才能进行空气闸转换。

（二）转空气闸操作的步骤(图 1-136)

1. 放置止轮器,做好机车防溜工作。注:若不放置止轮器,可能导致机车溜逸。

2. 电空闸手柄放置“运转”位。注:若不放置“运转”位,可能导致均衡风缸与列车管连通,空气闸转换无法完成。

3. 将空气闸手柄置“缓解”位。注:若不放置“缓解”位,后续挑战调压阀时,无法观察均衡风缸压力。

4. 将小闸左侧电空扳钮置“空气”位。注:若扳置不到位,易造成列车不减压,列车无制动力。制动缸压力上升慢,机车无制动力等严重故障现象。

5. 司机室左侧柜门内 53(Ⅱ端 54)调压阀压力值设定为 600 kPa。

注:调整压力时,将上盖向上提起,顺时针旋转上盖,同时观察均衡风缸压力。

6. 将制动柜内 153 号阀扳置“空气”位。注:该塞门若不关闭,易造成均衡风缸不保压。转空气闸后故障现象依然存在。

7. 将制动柜内 157 塞门关闭。注：若 157 塞门不关闭，易造成总分向列车管充风，列车无法减压。

（a）步骤一

（b）步骤二

（c）步骤三

（d）步骤四

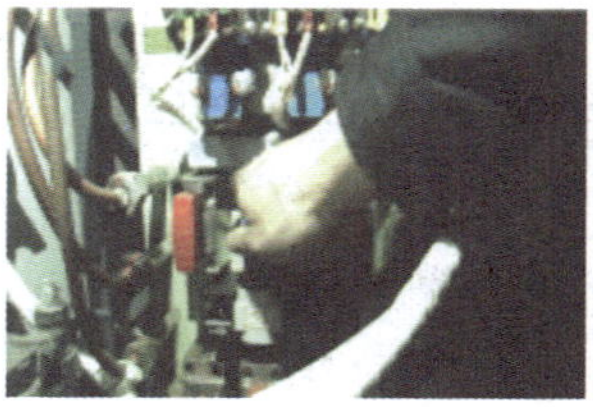

（e）步骤五

（f）步骤六

（g）步骤七

图 1-136　转空气闸操作步骤

二十七、供风压力调节

双风管调压阀位置：SS9 型电力机车第三通风机柜内、SS9G 型电力机车制动屏柜后部。

1. 松开双风管调压阀备母。

2. 由低向高调整压力时，顺时针旋转调压阀顶杆供风压力增大。

3. 由高向低调整压力时，逆时针旋转调整阀顶杆供风压力减小，必须下车排放机车端部总风管压力后再观察双风管压力值。

复习思考题

1. HXD_2 型电力机车应急故障处理基本原则是什么？
2. HXD_2 型电力机车受电弓无法降下应怎样处理？
3. HXD_2 型电力机车需要进行高压隔离开关甩单节应怎样处理？
4. HXD_2 型电力机车需要进行微机控制系统甩单节应怎样处理？
5. 法维莱制动机制动柜分配阀 EPM 故障应怎样处理？
6. HXD_2 型电力机车停放制动不缓解或停放制动不一致应怎样处理？
7. HXD_{3B} 型电力机车辅助变流器接触器故障应怎样处理？
8. HXD_{3B} 型电力机车换端后自阀“运转”位，机车不缓解应怎样处理？
9. HXD_{3D} 型电力机车接触网无网压应怎样处理？
10. HXD_{3D} 型电力机车主断路器不能闭合微机报 CI 故障的处理方法是什么？
11. HXD_{3D} 型电力机车空压机不动作应怎样处理？
12. HXD_{3D} 型电力机车列车供电接地故障应怎样处理？
13. HXD_{3D} 型电力机车列车供电过流故障应怎样处理？
14. HXD_{3D} 型电力机车列车供电直流侧过压故障应怎样处理？
15. SS_9 型电力机车自动过分相故障应怎样处理？
16. 双管供风压力调节故障应怎样处理？
17. SS_9 型电力机车蓄电池不充电故障应怎样处理？
18. SS_9 型电力机车劈相机故障应怎样处理？
19. 转空气闸操作的步骤是什么？

第二章

电力机车检查

知识目标

通过学习掌握各型机车的检查方法,检查顺序及项点。

能力目标

能够准确呼唤机车部件名称、尺寸限度、技术参数及标准要求。

素质目标

树立勤学苦练、防止机车带病出库的安全意识。

第一节　假设标识与检查要求

一、假设标识(表 2-1)

表 2-1　假设标识

序　号	假设名称	假设部位	标　识	备　注
1	裂纹	牵引装置、轴箱弹簧、油水管路等	—	白色粉笔画长 10~15 mm、宽 3 mm 的线段
2	烧损	转动部件轴承及电气触头、接线端子	●	红色粉笔涂一点状
3	碾片	各种带合金的轴瓦	薄合金片	合金片或烟盒锡纸片
4	擦伤	机车动轮踏面	◎	白色粉笔画圆直径 40 mm
5	剥离	机车动轮踏面	⊙	白色粉笔画圆直径 40 mm 点白点

续上表

序　号	假设名称	假设部位	标　识	备　注
6	丢失	各种部件缺失	—	开口销、垫圈、油堵等
7	安装不合理	组装件不符合图纸要求	—	不符合图纸及钳工基础要求
8	缺油	润滑部件表面缺油	目视：黑灰干	给油部件表面
9	拉伤	滑动部件拉伤	三	白色粉笔画三横
10	电气机能试验	控制及辅助电气机能试验	—	动态性能试验
11	制动机机能试验	自动制动机机能试验	—	动态性能试验

二、机车检查方法

1. 锤检法

(1)锤击法。

(2)锤触法。

(3)锤撬法。

2. 手检法

(1)手动：对不适宜锤检部件应用手动检查。

手动包括：晃、拍、握、拧。适用于较细小的螺钉、管接头、各种阀门及仪表、电器等。

(2)手触：主要适用于检查有关部件的温度、管路的振动、高压油管的脉冲等。注意事项：在运行中不能进行手触温度检查部件，应在停车后马上进行，手触时应先用手指感觉温度，再用手背判断温度。

3. 目视法

(1)使用目视法时做到手、眼、锤、灯配合协调，动作一致。

(2)电机火花等级有 5 种：1 级；1 级无火花；2 级；2 级电刷边缘全部或大部分较强烈的火花；3 级电刷的整个边缘有强烈的火花，同时有大火花飞出。

4. 测量法

使用塞尺、直尺、卷尺、专用测量有关部件正常间隙、距离、行程各限度尺寸。

5. 测试法

使用万用表测试电压、电阻、电流的数值，使用试灯测试电路中的断路、虚接等故障。

6. 试灯有正灯、负灯之分，线夹接正线时称为正灯；线夹接负极线时称为负灯。正灯用于测试电器负端电器故障。负灯用于测试电器的正端电器故障。

三、温度判断方法(表 2-2)

表 2-2 温度判断方法

热　别	相应温度	判别方法
平热	40 ℃上下	能长时间手触
微热	70 ℃上下	手触能持续 3 s
强热	150 ℃上下	不能手触
激热	150 ℃上下	变色
烧热	150 ℃上下	生烟

四、机车检查注意事项

1. 对机车上的风管、油管、水管接头及有压力的部件禁止用检查锤敲击各部件的光洁面或两摩擦部件的接触面，用检查锤敲击螺母时，不得向松动的方向敲击，不要敲在螺母的方棱或丝扣上，敲击的轻重应根据螺母的大小决定。

2. 试验电气装置时，厉行呼唤应答制度，确认各转动部件无阻碍后放准进行试验。检查带电部件及转动部件禁止手触，以防触电或被电动部件打伤。

3. 检查作业中，要注意人身安全，禁止跳越地沟。在无接触网线路上检查机车顶部时，要站稳、抓牢。

4. 启动柴油机前，必须确认柴油机各部状态良好，且须两人紧密联系，确保安全。试验制动机前，应确认车底无作业人员，厉行呼唤应答制度与鸣笛规定。

5. 启机(升弓)后，离开司机室时，应实行单阀制动，下车前，应将换向手柄置于“中立”位，励磁开关“断开”位。

五、机车检查要求

1. 机车检查前必须遵守“先联系，后检查”的制度，并通知有关作业人员，在操作手柄开关处挂好禁动标志。

2. 检查机车时应做到，顺序检查，不错不漏；姿势正确，步伐不乱；锤分轻重，目标准确；目视耳听，仔细周到；鼻嗅手触，灵活熟练；仪表量具，运用自如；判断故障，迅速果断。

3. 检查带有压力的管子、细小管接头螺母、14 mm 及其以下的螺母以及对光洁度要求较高或有镀层的部件时，禁止锤击，用手晃动、排挤、拧动部件时要用力适当，防止损伤部件，尤其是检查线路接头与紧固件松紧度时，要顺时针拧动，禁止反方向敲击螺母、螺栓或打在螺栓、螺母的棱角上。检查带电部件及转动部件时，禁止手触，以防触电或挤伤。

4. 对加封的零部件（如铅封、漆封）严禁随意破封，各种保护装置不得随意变动其作用参数，各部件检查后，必须恢复定（原）位。

5. 检查机车时要注意人身安全，严禁跳越地沟。

6. 电力机车进行登顶作业时，机车必须停在安全区内，并办妥停电手续，挂好接地线后方能进行，上车顶必须由车顶门登上整备台架专用通道，严禁从其他地方爬上车顶。在检查中，应注意防止跌落和摔伤，确保人身安全。

7. 电力机车升弓作高压试验前。必须确认各高压室和地沟内无人后方可进行，高压试验、升弓、降弓，必须按规定鸣笛和呼唤应答后方可进行，以保证人身安全。

六、检查机车时应做到

顺序检查，不错不漏；姿势正确，步伐不乱；锤分轻重，目标准确；目视耳听，仔细周到；鼻嗅手触，灵活熟练；仪表量具，运用自如；判断故障，迅速果断。

第二节　HXD2 型电力机车部件检查

一、检查顺序

HXD2 型电力机车部件检查顺序如图 2-1 所示。

二、检查注意事项

1. 检查方法以目视检查和性能、状态试验为主。

2. 禁止使用检车锤等敲击轮盘制动的制动盘、油压减振器及走行部所有涂防缓线的螺栓。判别螺栓是否紧固以目视检查防缓线不错位为紧固标准。目视检查遇明显松动情况，用力矩扳手按标准力矩复紧后，重新涂防缓线。

3. 车顶、地沟作业及高压、制动机试验须遵循有关安全操作规定。

4. 机车受电弓滑板厚度出库限度不少于 5 mm，机车砂箱砂量应装满。

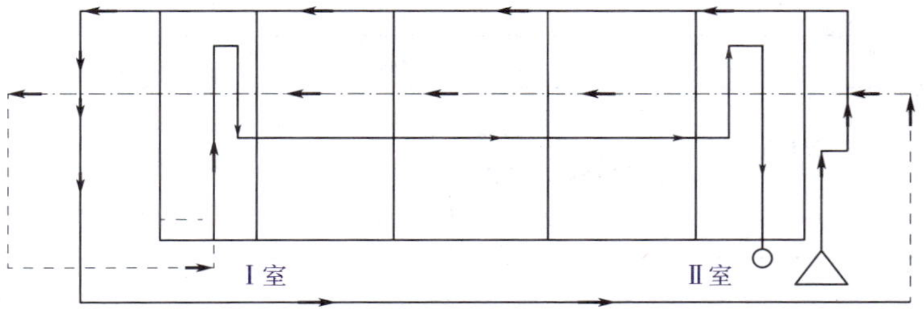

图 2-1　HXD_2 型电力机车部件检查顺序

说明：

(1)始点△；终点○；检查走行线——；空走走行线-----；地沟走行线-·-·-·。

(2)机车 B 节端部△——右侧走行部——机车前部——左侧走行部——车底部——司机室——机械间走廊两侧——司机室——电器动作试验——制动机试验。

三、检查范围及标准

(一)主要高压电气设备检查范围及标准(表 2-3)

表 2-3　主要高压电气设备检查范围及标准

序　号	部　位	检查范围及标准	检查方法	检查情况
1	牵引电机	(1)外观检查各可见部分电机母线、固定卡子、线号标记齐全，绝缘无破损、鼓包、接磨。 (2)检查各紧固件齐全、紧固。 (3)检查风道无破损、漏风。 (4)检查注油管堵齐全、紧固	目视检查	
2	主变压器及附件	(1)外观检查油箱、油泵、散热器、连接法兰及管道、各阀、堵的状态与密封性，无漏泄，无严重变形。 (2)检查油位符合要求。 (3)油泵安装牢固，运转无异常声音及振动，试验油流继电器指针位置正确。 (4)检查各低压绝缘套管清洁，无破损。 (5)检查各连接线装置、传感器及接线，油泵、温度继电器、油流继电器的端子部接线牢固，无过热	目视检查试验	

续上表

序　　号	部　　位	检查范围及标准	检查方法	检查情况
3	各交流辅机及线路	(1)运转时检查无异常声音及异常振动。 (2)安装紧固,风道无破损。 (3)检查各接线及连接状态,无过热	目视 检查 试验	

（二）电器及电线路检查范围及标准(表 2-4)

表 2-4　电器及电线路检查范围及标准

序　　号	部　　位	检查范围及标准	检查方法	检查情况
1	受电弓	(1)检查受电弓各部安装牢固,各铰接部分转动灵活,滑板托及弓角无裂损及变形。 (2)检查受电弓气囊、空气管路及各接头连接处不漏泄,阻尼器不漏油。 (3)检查各导电软连线连接良好,断股不超截面积 10%。 (4)滑板不得有缺损或严重拉槽,厚度符合规定。更换滑板时测试静态接触压力。 (5)钢丝绳无断股及锈蚀	目视 检查 试验	
2	高压接地开关	(1)检查闸刀、触头弹簧片无变形、断裂及严重磨耗。 (2)检查闸刀与触头弹簧片无污物	目视 检查	
3	车顶其他设备	(1)清扫检查车顶各支持绝缘子,无放电、破损。 (2)清扫检查车顶主断路器、高压电压互感器、电流互感器、避雷器、隔离开关绝缘子,无放电、破损。 (3)检查车顶各高压部件连接母线、导电软线连接可靠,软连线断股不超过截面积的 10%。 (4)车顶导电杆固定牢固。 (5)瓷质绝缘子灼伤、表面缺损面积不大于 3 cm^2(须涂绝缘漆)	目视 检查	
4	通用柜	(1)外观检查各安装螺栓紧固。 (2)检查接线端子接线紧固,无松脱、过热现象。 (3)外观检查电容无漏液和外壳膨胀变形	目视 检查	

续上表

序　号	部　位	检查范围及标准	检查方法	检查情况
5	线路及其他	(1)检查各电阻、电容及其接线牢固。 (2)检查各闸刀开关、接触器安装牢固,位置正确,作用正常,接线良好。 (3)检查电压、电流传感器及接线状态。 (4)检查各插头、插座紧固,无裂损	目视检查	
6	低压电器及线路	(1)继电器:检查各继电器动作灵活,连线紧固。 (2)控制线路:外观检查各端子排接线紧固,无松脱断和过热现象。检查各插头、插座的插接牢固。 (3)电阻、电容:外观检查各电容无漏液和外壳膨胀变形。外观检查各电阻无严重过热。各连接线紧固,无过热现象。 (4)开关:外观检查各开关(包括自动开关),位置正确,作用正常	目视检查	
7	蓄电池	(1)外观检查蓄电池各连线及箱体可见部分状态。 (2)检查蓄电池内状态(每月检查一遍)	目视检查	
8	仪表	(1)外观检查各电表及连线良好。 (2)外观检查主变油温传感器良好。 (3)外观检查各机械压力表良好。 (4)外观检查各电测压力表及传感器良好。 (5)检查各电压、电流、压力表有效期应符合要求	目视检查	
9	司机室	(1)司机室、侧窗及走廊门门锁、手柄齐全,作用良好。 (2)司机室前窗玻璃完好,前窗加热接线无松脱。刮雨器作用良好,遮阳帘无破损,作用良好。 (3)各扳键开关及转换开关作用良好,位置正确。试验前照灯、辅照灯、标志灯及司机室、走廊等照明灯作用正常。 (4)各显示屏安装良好,试验显示正常。 (5)换向手柄、司机控制器、警惕按钮良好,位置正确。 (6)制动控制器安装良好,作用灵活,各手柄位置正确,接线及风管接头无松漏。 (7)试验各按钮、脚踏阀及风笛,作用良好,动作灵活。	目视检查试验	

续上表

序　　号	部　　位	检查范围及标准	检查方法	检查情况
9	司机室	(8)柜门锁闭良好,各转换开关位置正确,转动灵活。 (9)各个显示屏安装良好,显示正常。 (10)操纵台各仪表校验不过期。 (11)司机室座椅安装牢固,调节正常。 (12)紧急放风阀支架、手柄齐全,铅封良好。 (13)热水壶、微波炉、电冰箱良好。取暖器安装牢固,接线无松脱(9月-次年3月通电试验)	目视 检查 试验	
10	空调机组	(1)空调控制柜各转换开关位置正确,接线无松脱。空调进出风装置良好。 (2)通电进行运转试验(每年4-9月进行)	目视 检查	
11	变流柜	(1)外观检查变流装置连接线紧固、良好。 (2)柜体盖板螺栓齐全、紧固。 (3)检查冷却液的液位显示在规定刻度内	目视 检查	
12	辅变流柜	(1)外观检查电源柜各部件及连线状态良好。 (2)继电器:检查各继电器动作灵活,连线紧固。 (3)电阻、电容:外观检查各电容无漏液和外壳膨胀变形。 (4)外观检查各电阻无严重过热。 (5)各连接线紧固,无过热现象。 (6)低压状态蓄电池电压不低于96 V	目视 检查	
13	微机柜	(1)检查微机柜各插头、插座紧固,接线良好。 (2)各插件安装到位,面板灯显示正常。 (3)各继电器、接触器安装到位,锁闭良好。 (4)柜体外观良好,柜门锁闭正常	目视 检查	
14	6A柜	(1)检查各自动开关状态良好。各继电器安装到位,插接紧固。 (2)检查控制电器柜各插头、插座紧固,接线良好。柜体盖板螺栓齐全、紧固	目视 检查	
15	其他电子装置	(1)检查制动控制装置各部及插头、插座安装状态良好,灯显示正常,并进行性能试验。 (2)检查空气干燥器作用良好,无泄漏,各部件及接线紧固	目视 检查	

（三）空气制动机及空气管路检查范围及标准(表 2-5)

表 2-5　空气制动机及空气管路检查范围及标准

序　号	部　位	检查范围及标准	检查方法	检查情况
1	风源柜	(1)外观检查电机各部状态良好。 (2)检查安装座减振垫及固定螺栓紧固无松动。 (3)检查油过滤器指示,更换红色指示滤芯。 (4)检查空气滤清器指示器,更换红色指示滤芯。 (5)检查润滑油油位正常,油细分离器及油过滤器高效水分离器、超精过滤器装置无漏油现象。 (6)运转检查无异声和严重振动,冷却器上方排风状态良好。 (7)外观检查辅助压缩机各部状态良好	目视检查	
2	制动机	(1)检查司机制动阀、BCU、电磁阀、压力传感器各装置各部接线、插头、插座连接状态良好。 (2)外观检查各模块安装及连接状态良好,各转换塞门在“正常”位。 (3)机能试验	目视检查	
3	空气管路	(1)试验风笛、雨刷、手动撒砂阀作用良好。 (2)检查各风管路应无漏泄、松动和裂损,各塞门位置正确,各处铅封良好。 (3)检查制动缸应无漏风、无犯卡。 (4)主风缸排水管连接牢靠,排水阀处于关闭状态。 (5)检查制动软管、总风软管、平均软管状态,更换到期或不良件	目视检查	
4	空气干燥器	(1)外观检查空气干燥器各部件状态良好、管路无漏泄及塞门位置正确,旁通阀铅封良好。 (2)启动试验控制盒性能良好,排污电空阀动作正常	目视检查	

（四）机械部分（车体及走行）（表 2-6）

表 2-6　机械部分（车体及走行）检查范围及标准

序　　号	部　　位	检查范围及标准	检查方法	检查情况
1	轮对	（1）检查车轮踏面、轮缘、轮辐各部无裂损。 （2）车轮踏面擦伤、剥离不超限	目视检查	
2	车体、转向架及其附件	（1）各部部件完整、无异状，安装牢固、完好。 （2）构架前后牵引梁、侧梁、前后旁承梁、变压器梁等主要承载件及其相互连接处焊缝无裂纹。 （3）减振器安装座、牵引拉杆座处无变形、裂纹和开焊。 （4）排障器安装牢固、无变形，距轨面高度 110^{+10}_{0} mm。 （5）扫石器安装牢固、无缺损，胶皮距轨面高度 31^{+10}_{-5} mm。 （6）信号感应器安装牢固，各穿销、开口销完好。 （7）检查砂箱砂量符合要求，砂箱无破损，无潮砂。 （8）砂箱安装座不得有裂纹，砂箱盖及卡子齐全，作用良好。 （9）砂箱各螺栓紧固良好，砂箱严密无破损。 （10）砂箱砂量符合要求，无潮砂。 （11）撒砂器、加热器安装牢固，胶管无破损，风、砂管接头无松动，下砂正常。 （12）撒砂管支架无裂纹、安装螺栓紧固，砂管 U 形卡子无松动。 （13）撒砂管距轨面高度为 25^{+10}_{0} mm	目视检查	
3	抱轴箱齿轮箱	（1）齿轮箱箱体无裂纹、漏油。遇漏泄时检查油位，应符合要求。 （2）加油口、放油堵齐全无丢失。 （3）齿轮箱合口螺栓、安装螺栓无松动。 （4）抱轴箱各部部件无缺损，各安装螺栓无松动，抱轴承油脂不漏泄。 （5）齿轮检查盖密封良好，无漏泄	目视检查	

续上表

序　　号	部　　位	检查范围及标准	检查方法	检查情况
4	轴箱	(1)轴箱装配各部部件齐全、无裂纹,各紧固螺栓无松动。 (2)轴承润滑脂无明显漏泄。 (3)轴箱前后弹簧座无断裂变形,橡胶减振垫无老化龟裂。 (4)轴箱止挡座无裂纹。 (5)轴箱拉杆橡胶关节不许老化、裂纹和挤出。 (6)一系垂向减振器安装牢固,上下支架无裂纹。 (7)轴箱弹簧无裂损。 (8)接地装置接地线外观良好	目视 检查	
5	轮缘润滑器	(1)检查轮缘润滑器安装正确、牢固。 (2)轮缘润滑器油路通畅	目视 检查	
6	电机悬挂装置	(1)悬挂装置的安装螺栓紧固良好。 (2)吊杆及吊杆座无裂缝,橡胶垫片无破损和老化。 (3)牵引电机通风道橡胶套安装牢固。 (4)牵引电机防落装置良好	目视 检查	
7	牵引 装置	(1)检查各紧固件无松动。 (2)检查牵引销、橡胶关节及托板等状态良好。 (3)检查牵引杆各处焊缝无裂纹。 (4)检查安全绳索无断股、折损,连接良好	目视 检查	
8	基础 制动	(1)制动器的连接螺栓不得松动。 (2)闸瓦间隙是否正常,8 mm。 (3)制动缸间隙调整器作用良好。 (4)制动缸作用良好,能正常制动、缓解,不得有卡滞现象。 (5)弹停装置风管接头无松动,手动缓解手柄作用灵活。 (6)制动指示器、弹停指示器安装及管接头良好,显示正确(制动状态红色,缓解状态绿色)	目视 检查 测量 (禁止敲 打轮盘 制动盘 任何部位)	
9	车钩	(1)目测检查钩舌、钩体无裂纹及缺损。 (2)检查车钩缓冲装置的安装螺栓是否齐全,有无松动。 (3)检查开口销是否齐全,安装是否可靠。 (4)检查车钩"三态"作用是否良好,钩体摆动自如,无卡滞现象	目视 检查	

（五）其他装置检查范围及标准（表 2-7）

表 2-7　其他装置检查范围及标准

序　　号	部　　位	检查范围及标准	检查方法	检查情况
1	自动过分相装置	(1)外观检查感应器、防护橡胶板安装牢固，接线正常。 (2)外观检查信号处理装置的状态	目视检查	

第三节　HXD3B 型电力机车部件检查

一、检查顺序

HXD3B 型电力机车部件检查顺序如图 2-2 所示。

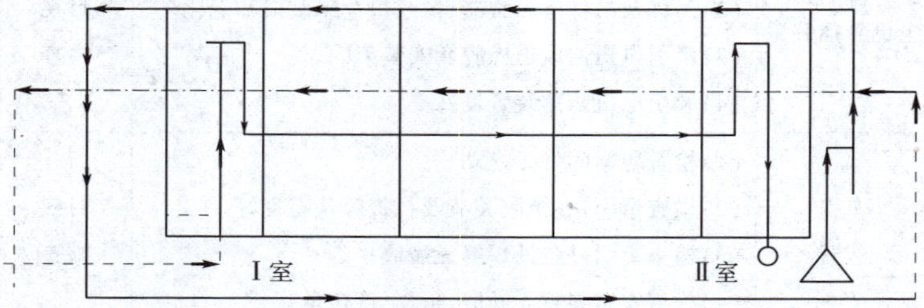

图 2-2　HXD3B 型电力机车部件检查顺序

说明：

(1)始点△；终点○；检查走行线——；空走走行线------；地沟走行线-·-·-·。

(2)机车Ⅱ端部△——右侧走行部——机车前部——左侧走行部——车底部——司机室——机械间走廊两侧——司机室——电器动作试验——制动机试验。

二、HXD3B 型电力机车乘务员全面检查标准（表 2-8）

表 2-8　HXD3B 型电力机车乘务员全面检查标准

序　　号	检查部位	检查内容及要求	检查方法
机车后端部	1. Ⅱ端部及排障器左侧	(1)前照灯、副前照灯、标志灯外观完好，重联插座锁闭装置良好、内部密封良好，各插孔无灼痕。 (2)前窗玻璃、刮雨器、机车铭牌完好。 (3)引导脚踏、各扶手无开焊、脱落。 (4)排障器无变形，距轨面高度 100～120 mm	目视 手检

续上表

序号	检查部位	检查内容及要求	检查方法
机车后端部	2. Ⅱ端左侧平均管、总风管	(1)折角塞门状态良好,无漏泄。 (2)挂管卡良好。 (3)连接器口面与地面应垂直,胶圈无老化、丢失。 (4)软管无老化、龟裂,水压试验牌不超过3个月。 (5)软管与机车中心线夹角应为45°	目视手检
	3. Ⅱ端车钩	(1)钩提杆支架安装螺栓无松动,焊坡无开焊。 (2)钩提杆无变形,提钩时自动开放无抗劲,全开位220~250 mm。 (3)钩舌销无折损,开口销开度45~60°,钩舌销径向间隙1~6 mm。 (4)锁铁浮动量5~22 mm,钩舌与锁铁磨动部润滑良好,钩舌尾部与锁铁的侧向间隙3~15 mm。 (5)钩体钩舌无裂纹,防跳台不少于90°。 (6)钩舌厚度磨损不超过8 mm(原形73 mm),钩舌与钩耳间隙上下8~10 mm。 (7)推动钩舌转动灵活,锁闭位110~130 mm。 (8)吊杆无裂纹,磨动部油润良好。 (9)钩体与托铁磨动部油润良好。 (10)车钩中心线距轨面垂直高度870~890 mm,两车钩连接后中心差不超过75 mm。 (11)防跳销作用良好	
	4. Ⅱ端制动管	(1)折角塞门状态良好,接口无漏泄。 (2)挂管卡良好。 (3)连接器口面与地面应垂直,胶圈无老化、丢失。 (4)软管无老化、龟裂,水压试验不超过3个月。 (5)软管与机车中心线夹角应为45°。 (6)风管卡子无松动	
	5. 右侧总风管	参照前述检查内容及要求	
	6. 右侧平均管	参照前述检查内容及要求	
	7. Ⅱ端部及排障器右侧	检查内容及要求同左侧	
机车右侧	8. Ⅱ端右侧司机室门	(1)侧窗安装牢固,玻璃密封良好。后视镜安装牢固无破损。 (2)司机室门、扶手、脚踏板安装牢固无开焊	

续上表

序　号	检查部位	检查内容及要求	检查方法
机车右侧	9. Ⅱ端右侧排障器内侧及撒砂器装置	(1)制动缸管及管卡良好。 (2)砂箱外观良好,安装螺栓无松动。箱盖锁闭严密。 (3)砂量充足,砂质干燥。 (4)撒砂器、加热器安装牢固,撒砂管、干砂管、管卡良好、风管接头无松动,接线良好。 (5)砂管支架安装牢固,砂管无堵塞,马蹄胶管无破损,管口应与轨面平行,距轨面高度 35 mm。 (6)扫石器安装牢固,胶皮完好无变形,距轨面高度 30 mm。 (7)单元制动器安装牢固,风管接头无松动,夹钳、弹停装置手动缓解手柄良好。 (8)自动过分相感应装置安装牢固,接线无破损、脱落	目视手检
	10. 右四油压减振器	上、下支架无开焊,安装螺栓无松动,筒体无漏泄	
	11. 右侧第六动轮及基础制动装置	(1)轮辐无裂纹。 (2)踏面擦伤深度不大于 0.7 mm,缺陷或剥离长度不超过 40 mm,深度不大于 1 mm,轮缘垂直磨耗锥形踏面向上 11.25 mm 处测量 33~23 mm。 (3)基础制动装置安装良好无裂纹,闸片卡簧锁闭良好,闸片厚度 25 mm,闸片与制动缓解间隙 2~4 mm。 (4)制动盘厚度 52.5 mm,热裂纹长度不超过 65 mm,摩擦面磨伤深度不超过 1 mm,凹面不超过 2 mm。 (5)缓解拉环及弹簧良好,防尘罩无破损。 (6)作用杆防沙土罩良好,调整装置良好,防缓螺母无松动。 (7)作用杆及连接穿销、开口销完好,油润良好。 (8)蓄能制动器风管接头无漏风	
	12. 第六轴箱及附近	(1)轴箱前后弹簧座无断裂变形,弹簧胶垫无老化龟裂。 (2)轴箱止挡座无裂纹。 (3)轴箱端盖安装螺栓齐全无松动。 (4)轴箱温度正常,不超过 80 ℃。 (5)轮缘润滑器油脂罐、各管接头、喷嘴、支架安装牢固,作用良好。 (6)轴箱拉杆无裂纹,橡胶关节良好,前后安装螺栓无松动	

续上表

序　号	检查部位	检查内容及要求	检查方法
机车右侧	13. 横向止挡、轴箱止挡及附近	(1) Ⅱ端空调进气百叶窗完好，无堵塞。 (2)横向止挡、轴箱止挡、支架、安装螺栓、链完好。 (3)转向架右侧构架各部焊坡无开焊。 (4)转向架垂直支撑二系高圆弹簧无裂纹，橡胶座无老化龟裂。 (5)二系垂向油压减振器无漏油，安装螺母牢固无松动，上座及托板无裂纹	目视 手检
	14. 右五轴箱各部	(1)车体侧挡良好，间隙正常。 (2)车体与构架接地线安装良好。 (3)其他部件参照前述检查内容及要求	
	15. 右五动轮及附近	(1)参照前述检查内容及要求。 (2)第五轴机车速度传感器安装牢固、接线良好	
	16. 右五动轮制动装置	参照前述检查内容及要求	
	17. 右四轴箱各部	参照前述检查内容及要求	
	18. 右四动轮	参照前述检查内容及要求	
	19. 右四动轮制动装置	参照前述检查内容及要求	
	20. 右三砂箱及撒砂装置	其他部件参照前述检查内容及要求	
	21. 主变压器	(1)变压器的防护罩板完好，AC 380 V 库用插座完好。 (2)变压器吊装螺栓无松动，支架无裂纹。 (3)各油管、卡箍、法兰安装良好无漏泄，油箱体外观良好无渗油。 (4)变压器油泵支架、接线、弹性连接管、流量计、蝶阀完好。 (5)加油口、放油口阀无漏泄，手轮铅封完好。 (6)第Ⅰ、Ⅱ转向架制动指示器、弹停指示器安装及管按头良好，显示正确。制动状态红色，缓解状态绿色	

续上表

序　　号	检查部位	检查内容及要求	检查方法
机车右侧	22. 右侧车体	车体应平整	目视手检
	23. 右二砂箱及撒砂装置	参照前述检查内容及要求	
	24. 右三动轮及制动装置	其他部件参照前述检查内容及要求	
	25. 右三动轮	参照前述检查内容及要求	
	26. 右三轴箱各部	(1)电机轴头端盖安装牢固，螺栓齐全无松动。 (2)接地线安装螺栓无松动，断股不得超过 10%。 (3)其他部件参照前述检查内容及要求	
	27. 转向架垂直支撑二系弹簧	参照前述检查内容及要求	
	28. 右二动轮及基础制动装置	参照前述检查内容及要求	
	29. 右二动轮	参照前述检查内容及要求	
	30. 右二轴箱各部	参照前述检查内容及要求	
	31. 右一轴箱杆装置	参照前述检查内容及要求	
	32. 第一轴箱附近	参照前述检查内容及要求	
	33. 右一动轮及基础制动装置	参照前述检查内容及要求	
	34. 右Ⅰ砂箱及撒砂装置	参照前述检查内容及要求	
	35. Ⅰ端右侧排障器内侧	参照前述检查内容及要求	
	36. Ⅰ端右侧司机室门及附近	参照前述检查内容及要求	
机车前端	37. Ⅰ端排障器左侧	参照前述检查内容及要求	
	38. Ⅰ端总风管	参照前述检查内容及要求	
	39. Ⅰ端车钩	参照前述检查内容及要求	
	40. Ⅰ端制动管	参照前述检查内容及要求	
	41. 右侧总风管	参照前述检查内容及要求	
	42. Ⅰ端排障器右侧	参照前述检查内容及要求	

续上表

序　　号	检查部位	检查内容及要求	检查方法
机车左侧	43. Ⅰ端左侧司机室门及附近	参照前述检查内容及要求	目视手检
	44. Ⅰ端左侧排障器内侧及左一撒砂装置	参照前述检查内容及要求	
	45. 左一动轮	参照前述检查内容及要求	
	46. 左一动轮及基础制动装置	参照前述检查内容及要求应检查弹停装置	
	47. 左一轴箱各部	参照前述检查内容及要求	
	48. 左二轴箱各部	参照前述检查内容及要求	
	49. 左二动轮及基础制动装置	参照前述检查内容及要求	
	50. 转向架垂直支撑二系弹簧	参照前述检查内容及要求	
	51. 左三轴箱各部	参照前述检查内容及要求	
	52. 左三动轮	参照前述检查内容及要求	
	53. 左三动轮制动装置	参照前述检查内容及要求	
	54. 左三砂箱、撒砂装置及主变压器	(1)库用照明插座、辅电路库用插座安装牢固,盖、锁闭装置良好,内部无灼痕。 (2)变压器油泵安装牢固,螺栓无松动。 (3)进出油管、波纹管及阀连接法兰盘密封良好无漏泄,法兰螺栓紧固无松动。 (4)油泵电机安装牢固,螺栓无松动,接线无脱落破损。 (5)油流表安装牢固,接线无松动破损。 (6)变压器吊装螺栓无松动,外罩完整无缺陷。 (7)参照前述检查内容及要求	
	55. 左侧车体	(1)车体平整。 (2)局段标志清晰完整	
	56. 左三砂箱及撒砂装置	参照前述检查内容及要求	

续上表

序　号	检查部位	检查内容及要求	检查方法
机车左侧	57. 左四动轮基础制动状装置	参照前述检查内容及要求	目视手检
	58. 左四轴箱各部	参照前述检查内容及要求	
	59. 转向架垂直支撑二系弹簧及二系垂向油压减振器	参照前述检查内容及要求	
	60. 左五动轮及基础制动装置	参照前述检查内容及要求	
	61. 左五轴箱各部	参照前述检查内容及要求	
	62. 左二牵引杆装置各部	参照前述检查内容及要求	
	63. 左六轴箱各部	参照前述检查内容及要求	
	64. 左六动轮	参照前述检查内容及要求	
	65. 左四砂箱及撒砂装置	参照前述检查内容及要求	
	66. 左六动轮及基础制动装置	参照前述检查内容及要求应检查弹停装置	
机车底部	67. Ⅱ端左侧排障器内侧	参照前述检查内容及要求	
	68. Ⅱ端左侧司机室门及附近	参照前述检查内容及要求 (1)排障器、支撑杆安装螺栓齐全牢固。 (2)排障器及支撑杆无变形、裂纹。 (3)左右侧信号感应器接线、螺栓及各串销、开口销完好,安装牢固	
	69. Ⅱ端排障器内侧及附近		
	70. Ⅱ端车钩钩尾框及附近	(1)车钩销无窜动,止退杆螺母无松动,开口销完整。 (2)缓冲器箱体从板与钩尾框无裂纹。 (3)托板螺栓无松动。 (4)弹簧箱与托板磨动部油润良好。 (5)前、后从板与座油润良好。 (6)压溃装置安装牢固,无变形。 (7)钩尾框与导框磨动部油润良好	

续上表

序　号	检查部位	检查内容及要求	检查方法
机车底部	71. Ⅱ端左侧扫石器	(1)扫石器安装牢固,螺栓无松动。 (2)夹板螺栓无松动,胶皮无破损。 (3)扫石器角钢底面距轨面高度 70~80 mm,扫石器胶皮距轨面高度 30 mm	目视 手检
	72. 六轴左撒砂装置	(1)撒砂器、砂管安装牢固。 (2)撒砂风管、砂堵及调整螺栓、防缓螺母安装牢固。 (3)撒砂管支架无裂纹,安装螺母无松动,砂管 U 形卡子无松动。 (4)撒砂胶管无老化、变形、距轨面高度为 30~50 mm	
	73. 六轴左侧制动装置	(1)应检查弹停装置及其手动缓解拉杆。 (2)其他检查同走行部单元制动系统	
	74. Ⅱ端右侧扫石器	参照前述检查内容及要求	
	75. 六轴右侧撒砂装置	参照前述检查内容及要求	
	76. 六轴右侧制动装置	(1)参照前述检查内容及要求 (2)检查弹停装置及手动缓解拉手	
	77. 第二转向架	(1)后端梁无裂纹。 (2)第六轮对空心轴悬挂臂与端架座无裂纹,悬挂臂销卡簧无裂纹,螺栓无松动	
	78. 六轴左侧及轴箱内侧	(1)轴箱拉杆无裂纹,心轴卡环无脱落。 (2)轴箱内侧油封无甩油。 (3)轴箱前后圆簧无裂纹,簧距无异变。 (4)车轮踏面擦伤深度不大于 0.7 mm。缺陷或剥离不大于 1 mm,垂直磨耗锥形深度不大于 7 mm。 (5)车轮无裂纹。 (6)轮缘无碾堆,垂直磨耗锥形踏面向上 11.25 mm 处测量 33~23 mm。 (7)轮对内侧距离(1 353±3)mm	
	79. 第六齿轮箱前部	(1)齿轮箱无裂纹、漏油。 (2)加油口、放油堵齐全无丢失,油位正常。 (3)齿轮箱合口螺栓无松动。 (4)齿轮箱安装螺栓无松动	

续上表

序　　号	检查部位	检查内容及要求	检查方法
机车底部	80. 第六牵引电机上部	(1)通风道帆布无破损,合口卡子无松动。 (2)电机母线无老化、破损,夹板螺栓齐全、牢固。 (3)接线插头、插座严密,无松动	目视手检
	81. 第六牵引电机悬挂装置	第六电机悬挂装置安装板、吊杆、安全托无裂纹,安装螺栓无松动,吊杆、橡胶球关节无老化、裂纹	
	82. 六轴右侧及轴箱内侧	参照前述检查内容及要求	
	83. 右六轴及轴箱内侧	参照前述检查内容及要求	
	84. 第六齿轮箱后部	(1)齿轮箱体无裂纹变形。 (2)安装螺栓及合口螺栓无松动	
	85. 第六牵引电机端部	(1)电机通风网无破损、堵塞。 (2)轴承加油堵无丢失。 (3)电机温度传感器安装牢固。 (4)电机速度传感器安装牢固	
	86. 六轴左侧及轴箱内侧	参照前述检查内容及要求	
	87. 第二转向架梁附近	(1)中梁无裂纹。 (2)各风管卡子无松动。 (3)抗蛇行油压减振器体无漏油,安装螺母牢固无松动,上座及托板无裂纹,上罩与体不接磨	
	88. 左五轴及轴箱内侧	参照前述检查内容及要求	
	89. 第五牵引电机上部	参照前述检查内容及要求	
	90. 五轴右侧及轴箱内侧	参照前述检查内容及要求	
	91. 五轴右侧及轴箱内侧	参照前述检查内容及要求	
	92. 第五齿轮箱后部	参照前述检查内容及要求	
	93. 第五牵引电机端部	参照前述检查内容及要求	

续上表

序 号	检查部位	检查内容及要求	检查方法
机车底部	94. 五轴左侧及轴箱内侧	参照前述检查内容及要求	目视手检
	95. 五轴左侧制动装置	参照前述检查内容及要求	
	96. 五轴右侧制动装置	参照前述检查内容及要求	
	97. 第二转向架梁附近	(1)参照前述检查内容及要求。 (2)各风管、卡子无松动,接头无漏泄	
	98. 第四轴及轴箱内侧	参照前述检查内容及要求	
	99. 第四齿轮箱前部	参照前述检查内容及要求	
	100. 第四牵引电机上部	(1)参照前述检查内容及要求。 (2)第 2、4 通风机进中防护网安装牢固无破损、杂物	
	101. 右四轮及轴箱内侧	参照前述检查内容及要求	
	102. 右四轮及轴箱内侧	参照前述检查内容及要求	
	103. 第四齿轮箱后部	参照前述检查内容及要求	
	104. 第四牵引电机端部	参照前述检查内容及要求	
	105. 四轴左侧及轴箱内侧	参照前述检查内容及要求	
	106. 四轴左侧制动装置	参照前述检查内容及要求	
	107. 四轴左侧撒砂装置	参照前述检查内容及要求	
	108. 四轴右侧制动装置	参照前述检查内容及要求	
	109. 四轴右侧撒砂装置	参照前述检查内容及要求	

续上表

序　号	检查部位	检查内容及要求	检查方法
机车底部	110. 第二转向架前端及附近	(1)参照前述检查内容及要求。 (2)复合冷却器排风口无堵塞、无破损。 (3)各风管接头完好无漏泄。 (4)低位斜牵引杆、牵引座、销、牵引关节安装牢固、无裂纹。 (5)变压器吊装螺栓串销开口销完整，防爆阀、油样阀门无漏油	目视 手检
	111. 变压器体	变压器安装牢固，外观完整无漏油。25 kV 进线无破损，支架牢固无断裂	
	112. 变压器油泵及附近	变压器油泵安装牢固，进出油管、波纹管法兰接口螺栓无松动漏油	
	113. 第一转向架及一轴、二轴、三轴、轮对各部	参照前述检查内容及要求	
	114. Ⅰ端排障器内侧及附近各部检查	(1)参照前述检查内容及要求。 (2)机车电子标签安装牢固，螺栓无松动，接线无松脱	
Ⅰ端司机室	115. Ⅰ端司机室	(1)司机室门锁、手柄铅封齐全，作用良好。 (2)侧窗玻璃清洁，作用灵活，锁闭器良好。 (3)电水壶座、冰箱良好。 (4)柜门各转换开关位置正确，转动灵活。柜门后部接线无松脱，柜内部接线紧固无松脱灼痕。 (5)紧急放风阀支架、手柄齐全，位置正确。 (6)副司机座椅安装牢固，扳手良好，作用灵活，司机室灯安装良好。 (7)前玻璃清洁，暖窗器接线无松脱。 (8)刮雨器作用良好，遮阳布无破损，作用良好。 (9)机车信号完好。 (10)操纵台表玻璃清洁，风表期限为 3 个月，其他仪表 6 个月。 (11)各扳键开关及转换开关作用良好，位置正确。 (12)风笛按钮安装良好，位置正确，手动灵活。 (13)电炉插座完整，空调控制柜各转换开关位置正确，接线无松脱。	

续上表

序　号	检查部位	检查内容及要求	检查方法
Ⅰ端司机室	115. Ⅰ端司机室	(14)司机座椅安装牢固,各扳手良好,作用灵活。停车位置按钮、弹停制动/缓解按钮、压力组合模块、紧急停车按钮、各仪表状态指示灯良好、无线电状态良好。各按钮开关状态良好,电子制动阀(EBV)、各扳键开关、司控器手柄位置正确,状态良好。 (15)微机显示屏、监控显示屏完整清洁安装良好。 (16)脚踏警惕阀、脚踏撒砂阀、脚踏风笛作用良好。 (17)取暖器安装牢固,接线无松脱。电冰箱良好。 (18)空调出风装置良好,车载电话、空调调节开关、各转换开关作用良好。 (19)机械间门作用灵活,密封胶条及玻璃压条严密,手把门牌号锁作用良好	目视 手检
机械间	116. 空调 1	空调主机罩壳完好	
	117. 空压机及附近	(1)空压机安装螺栓无松动。 (2)电机安装及接线良好。 (3)各管路无漏泄,进气过滤器无堵塞,玻璃球油表清晰,油质无乳化现象,油位正常,加油口开关良好。 (4)散热器风扇良好。 (5)总风安全阀、空压机安全阀安装及铅封良好。 (6)各排水阀应在“关闭”位。 (7)总风缸安装牢固,管接头无漏泄。 (8)双塔式空气干燥器安装螺栓无松动,各单元无漏泄,油水分离器、自动排污阀良好,控制电磁阀接线完好	
	118. 前台车牵引通风机	牵引风机风道外观良好,安装牢固,接线无松动,车内通风机 1 安装牢固,接线良好。防护网、叶片无破损	
	119. 高压柜	高压柜安装牢固及门锁闭良好,接地开关在“工作”位,黄色钥匙完好	

续上表

序　　号	检查部位	检查内容及要求	检查方法
机械间	120. 制动屏柜	(1)监控器传感器安装良好。 (2)总风缸塞门在“开放”位。 (3)蓝色钥匙在“开通”位。 (4)辅助压缩机安装牢固，油位符合标准，电机接地良好，接线无松脱，辅助干燥器完好 (5)中央处理器(M-IPM)安装良好，接线无松脱。 (6)辅助压缩机按钮完好。 (7)继电器接口模块(RIM、CJB)接线良好。 (8)辅助控制模块：调压器模块安装及接线良好，紧急放风模块、停放制动辅助控制模块、升弓控制模块、撒砂控制模块、制动缸切除模块、弹停模块安装牢固，接线无松动，各塞门位置正确。 (9)电空控制单元： ①列车管控制部分安装及连线良好(BPCP)。 ②均衡风缸控制部分(ERCP)安装及连线良好，无塞门“关闭”位。 ③16号管控制部分(16CP)安装及连线良好。 ④20号管控制部分(20CP)安装及连线良好。 ⑤制动电磁阀BCCP安装良好。 ⑥13号管控制部分(13CP)安装及连线良好。 ⑦电源按线盒(PSJB)安装及连线良好。 ⑧制动缸塞门在“开放”位。 (10)电空控制单元(EPCU)各管路接头无松动、无漏泄。 (11)弹停风缸、控制风缸安装牢固，管路无漏泄，排水阀塞门(U88、A14)“关闭”位，控制风缸塞门(U77)在“开放”位。 (12)前弓气路控制板、电磁阀、安全阀、调压阀完好，塞门在“开放”位。 (13)前台车轮缘润滑控制气路板，电磁阀、调压阀、各管路接头完好，塞门在“开通”位	目视 手检
	121. 低压电源柜	低压电源柜安装牢固，接线完好。电度表清晰完好。各自动开关良好。充电装置电源选择开关SW在“自动”位。蓄电池电压表显示应大于94 V	

续上表

序　　号	检查部位	检查内容及要求	检查方法
机械间	122. 复合冷却器 2	复合冷却器 2 风道、冷却塔外观良好，安装牢固，管路无漏泄	目视 手检
	123. 变流柜 1	变流柜 1 外观良好，水箱水位在“运行”位，接地开关在“工作”位，两个指示灯均熄灭，红灯亮时禁止拉接地开关，门锁闭良好	
	124. 车顶门附近	(1)车顶门锁闭良好。 (2)扶梯安装牢固	
	125. 变流柜 2	(1)变流柜 2 检查内容同前。 (2)变压器干燥器硅胶为蓝色，油箱、油管、加油口盖完好	
	126. 复合冷却器 1	参照前述检查内容及要求	
	127. 辅助滤波柜	辅助滤波柜门锁闭良好	
	128. 卫生间	卫生间门锁闭器良好，内部设施完好、清洁，各空气开关在“闭合”位	
	129. 变流柜 3	参照前述检查内容及要求	
	130. 控制电器柜	控制电器柜门锁闭良好，各自动开关在“正常”位。内部输入输出(I/O)模块、自动开关、接触器状态良好。自动过分相装置在“运用”位	
	131. 后台车牵引通风机	参照前述检查内容及要求	
	132. TCMS 柜	(1)内部接线完好，柜门锁闭良好。 (2)绿、白钥匙齐全，在“正常”位	
	133. 行车安全柜	(1)内部接线完好，柜门锁闭良好。 (2)电源开关在“开放”位	
	134. 空调 2	参照前述检查内容及要求	
Ⅱ端司机室	135. Ⅱ端司机室	参照前述检查内容及要求	

第四节　HXD3D 型电力机车部件检查

一、检查顺序

HXD3D 型电力机车部件检查顺序如图 2-3 所示。

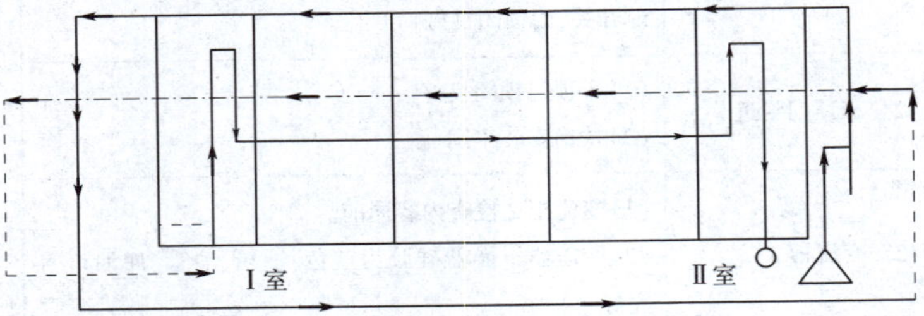

图 2-3　HXD3D 型电力机车部件检查顺序

说明：

(1) 始点△；终点○；检查走行线——；空走走行线-----；地沟走行线-·-·-·。

(2) 机车Ⅱ端部△——右侧走行部——机车前部——左侧走行部——车底部——司机室——机械间走廊两侧——司机室——电器动作试验——制动机试验。

二、HXD3D 型电力机车乘务员全面检查标准（表 2-9）

表 2-9　HXD3D 型电力机车乘务员全面检查标准

序　　号	检查部位	检查内容及要求	检查方法
机车 后端部	1. 机车外观、Ⅱ端部及排障器左侧	(1) 扶手安装牢固，无开焊裂纹。 (2) 重联插座外观完好，插座及盖作用良好。插座内部清洁、插针安装牢固无灼痕。 (3) 脚踏板无开焊裂纹。 (4) 排障器无碰伤变形开焊，排障器调整螺栓紧固，距轨面高 110 mm。 (5) 平均管、总风连管各折角塞门手柄动作灵活，接头无漏泄，安装座 U 形卡子良好，螺栓紧固。 (6) 制动软管无硬化、老化、龟裂和凸凹现象，水压试验不过期，软管安装卡子完好，螺栓紧固，软管连接器无开焊、裂纹，软管皮圈无断裂，软管角度正确，放风试验，风管畅通。	目视 手检

续上表

序　　号	检查部位	检查内容及要求	检查方法
机车后端部	1. 机车外观、Ⅱ端部及排障器左侧	(7)软管水压试压不超过 3 个月。软管安装角度为 45°。 (8)车钩提杆座牢固,无开焊,钩提杆无弯曲,变形,提钩动作灵活无卡滞	目视手检
	2. Ⅱ端车钩	(1)车钩吊杆装置无裂纹,磨耗板油润良好,车钩摆动灵活。 (2)钩体、钩舌、下锁销各部无裂纹,防跳装置良好。 (3)钩舌销无弯曲、折损(径向间隙 1~4 mm),开口销良好(开度为 60°)。钩舌尾部防跳台及锁铁油润良好。钩舌与钩耳上下间隙 8~10 mm,钩舌磨耗不超过 8 mm,防跳台不小于 90°,与钩舌尾部侧向间隙 3~15 mm。锁铁浮动量 5~20 mm。 (4)车钩三态(闭锁、开锁、全开)作用良好。锁闭位 110~130 mm,全开位 220~250 mm。 (5)车钩水平中心线距轨面高度为 815~890 mm	
	3. Ⅱ端前端右侧	(1)总风管卡子紧固,总风缸管、制动缸平均管无老化、龟裂,角度正确(45°、90°)。 (2)水压试验不超过 3 个月。 (3)连接器无缺陷,胶圈无破损、倒置,防尘堵齐全无丢失。 (4)折角塞门位置正确,开放折角塞门检查通风状态。 (5)扶手安装牢固,无开焊裂纹。 (6)重联插座外观完好,插座及盖作用良好。插座清洁、牢固。 (7)引导脚踏板无开焊裂纹。 (8)排障器无碰伤变形,小排障器调整螺栓紧固,距轨面高 110 mm	
机车右侧	4. 车体侧面外观	车体侧面平整,无变形、损伤。车体吊装孔盖齐全,安装良好	

续上表

序　　号	检查部位	检查内容及要求	检查方法
机车右侧	5. 右第四砂箱及附件	(1)机车门、窗、标志及附属设备外观良好。 (2)制动管、平均管第二折角塞门安装良好,位置正确。 (3)机车自动信号装置及自动过分相装置,安装架螺栓紧固,接线无松脱。 (4)排石器安装良好,符合标准,胶皮无破损。 (5)排石器距轨面高 70～80 mm,扫石胶皮距轨面 10～15 mm。 (6)砂箱外观良好,安装螺栓无松动,箱体无开焊。上车脚蹬无开焊变形。砂箱盖完整无损,扣锁良好,关闭严密。 (7)箱内砂子干燥,无异物,颗粒均匀。 (8)砂箱加热装置外观良好,电线无断线。砂管支架安装牢固,管路外观良好,无堵塞,不偏斜,距轨面高度符合标准。 (9)撒砂胶皮管距轨面高度为 30～55 mm	目视 手检
	6. 右第六动轮及轴箱各部	(1)轮盘式制动单元系统安装牢固,夹钳作用良好,无开焊裂纹,吊杆及各螺栓无松动,单元制动缸无漏泄,缓解良好,活塞杆复位时,不得有卡滞现象,制动缸间隙调整器良好,闸瓦与制动盘缓解间隙 3 mm,制动盘不得有明显的台阶沟槽、拉伤。动作灵活,空气管路无漏泄。 (2)制动盘的摩擦面的摩擦限度为每侧 5 mm。凹面不超过 2 mm,热裂纹不超过 65 mm。 注:检查时不得敲打制动盘的任何部位。 (3)动轮踏面无剥离、擦伤,轮箍无裂纹,弛缓,轮辐,轮辋无裂纹。踏面清扫制动装置,安装螺栓牢固,制动器外观良好,闸瓦无裂纹,偏磨、不到限,闸瓦穿销有开闭销良好。 (4)轴箱状态良好,内外螺栓牢固,无漏油,无裂纹。 (5)轴箱拉杆连体状态良好,橡胶关节无老化、无裂纹和挤出,前后弹簧装置无裂纹。 (6)轴箱接地线断股面积不超过 10%、无松脱现象。 (7)一系油压减振器无漏油,上下安装支架无裂纹,安装螺栓牢固。 (8)轮缘滑条支架安装牢固,滑条压力均匀,无卡滞现象,轮缘润滑棒磨耗不超限	

续上表

序　　号	检查部位	检查内容及要求	检查方法
机车右侧	7. 右第二系油压减振器各部	(1)转向架右构架各部焊波无开焊。 (2)转向架垂直支撑二系弹簧无裂纹,橡胶座无老化、龟裂。 (3)二系油压减振器无漏油,安装螺栓齐全紧固,上座及托板无裂纹,上罩与车体不接磨	目视 手检
	8. 右第五动轮及轴箱各部	(1)车体侧挡良好,间隙正常。车体与构架间接线安装良好。 (2)轮盘式制动单元系统安装牢固,夹钳作用良好,无开焊裂纹,吊杆及各螺栓无松动,单元制动缸无漏泄,缓解良好,活塞杆复位时,不得有卡滞现象,制动缸间隙调整器良好,闸瓦与制动盘缓解间隙 3 mm,制动盘不得有明显的台阶沟槽、拉伤。动作灵活,空气管路无漏泄。 (3)制动盘的摩擦面的摩擦限度为每侧 5 mm。凹面不超过 2 mm,热裂纹不超过 65 mm。 注:检查时不得敲打制动盘的任何部位。 (4)动轮踏面无剥离、擦伤,轮箍无裂纹,弛缓,轮辐,轮辋无裂纹。踏面清扫制动装置,安装螺栓牢固,制动器外观良好,闸瓦无裂纹,偏磨、不到限,闸瓦穿销有开闭销良好。 (5)轴箱状态良好,内外螺栓牢固,无漏油,无裂纹。 (6)轴箱拉杆连体状态良好,橡胶关节无老化、无裂纹和挤出,前后弹簧装置无裂纹。 (7)轴箱接地线断股面积不超过 10%、无松脱现象。 (8)一系油压减振器无漏油,上下安装支架无裂纹,安装螺栓牢固。 (9)轮缘滑条支架安装牢固,滑条压力均匀,无卡滞现象,轮缘润滑棒磨耗不超限	
	9. 右第四动轮及轴箱各部及装置	(1)轮盘式制动单元系统安装牢固,夹钳作用良好,无开焊裂纹,吊杆及各螺栓无松动,单元制动缸无漏泄,缓解良好,活塞杆复位时,不得有卡滞现象,制动缸间隙调整器良好,闸瓦与制动盘缓解间隙 3 mm,制动盘不得有明显的台阶沟槽、拉伤。动作灵活,空气管路无漏泄。	

续上表

序　号	检查部位	检查内容及要求	检查方法
机车右侧	9. 右第四动轮及轴箱各部及装置	(2)制动盘的摩擦面的摩擦限度为每侧 5 mm。凹面不超过 2 mm,热裂纹不超过 65 mm。 注:检查时不得敲打制动盘的任何部位。 (3)动轮踏面无剥离、擦伤,轮箍无裂纹,弛缓,轮辐,轮辋无裂纹。踏面清扫制动装置,安装螺栓牢固,制动器外观良好,闸瓦无裂纹,偏磨、不到限,闸瓦穿销有开闭销良好。 (4)轴箱状态良好,内外螺栓牢固,无漏油,无裂纹。 (5)轴箱拉杆连体状态良好,橡胶关节无老化、无裂纹和挤出,前后弹簧装置无裂纹。 (6)轴箱接地线断股面积不超过 10%、无松脱现象。 (7)一系油压减振器无漏油,上下安装支架无裂纹,安装螺栓牢固。 (8)轮缘滑条支架安装牢固,滑条压力均匀,无卡滞现象,轮缘润滑棒磨耗不超限。 (9)砂箱外观良好,安装螺栓无松动,箱体无开焊,上车脚蹬无开焊变形,砂箱盖完整无损,扣锁良好,关闭严密。 (10)箱内砂子干燥,无异物,颗粒均匀。 (11)砂箱加热装置外观良好,电线无断线,砂管支架安装牢固,管路外观良好,无堵塞,不偏斜,距轨面高度符合标准。 (12)撒砂胶皮管距轨面高度为 30~55 mm	目视 手检
	10. 右侧主电路插座及油压减振器	(1)主电路、控制电路入库插座安装座无开焊,螺栓紧固,压盖严密,座芯洁净,无烧损。接线无破损,松脱。 (2)端梁处抗蛇行油压减振器安装牢固,螺栓无松动,无漏油现象	
	11. 右侧变压器箱及油泵	(1)变压器外观良好,无开焊裂纹。支架吊装螺栓无松动。变压器油泵支架、接线、弹性连接管、流量计、蝶阀完好。 (2)加油口、放油口阀无漏泄,手轮铅封良好。各油管、卡箍、法兰安装良好,无漏油	

续上表

序　　号	检查部位	检查内容及要求	检查方法
机车右侧	12. 右第三动轮及轴箱各部及装置	参照第四动轮前述检查内容及要求	目视 手检
	13. 右第二动轮及轴箱各部	参照第五动轮前述检查内容及要求	
	14. 右第一、二系油压减振器各部	参照前述检查内容及要求	
	15. 右第一动轮及轴箱各部	参照前述检查内容及要求	
	16. 右第一砂箱及附件	参照前述检查内容及要求	
机车前端部	17. Ⅰ端部各部件	参照前述后端部检查内容及要求	
机车左侧	18. 机车左侧	参照前述机车右侧检查内容及要求	
机车底部	19. Ⅱ端车钩及缓冲装置及排障器	(1)钩体托板及缓冲器托板螺栓是否紧固,弹簧箱冲击座、钩尾框有无裂纹,从板摩擦部分是否缺油和非正常磨损。安装螺栓牢固,无开焊裂纹。排障器距轨面的高度为110 mm。 (2)安装牢固,排石器无开支架无开焊、螺栓紧固,胶皮完整,高度符合标准。 (3)机车信号线圈及分相装置各安装螺栓紧固,各部无破损,插座,接线良好	
	20. 牵引梁前部	检查各紧固件螺栓无松动、防缓线无位移。牵引销、橡胶关节及托板状态良好,形圈没有磨损、不超限	
	21. 左右第四砂箱背部	箱体完整,无开焊,安装座牢固,螺栓不松动,撒砂阀良好、砂管支架安装牢固、砂管角度不偏斜	
	22. 第六动轮轮盘制动单元及弹停设置背部	(1)制动器外部状态良好,安装螺栓紧固,来风管及接头无漏泄和裂纹。 (2)轮盘式制动单元安装牢固,螺栓无松动,单元制动缸无漏泄,缓解良好,活塞杆复位时,不得有卡滞现象,制动盘不得有明显的台阶沟槽、拉伤。闸瓦吊杆、支架无开焊、裂纹。弹停拉钩灵活。 (3)制动盘的摩擦面的摩擦限度不大于5 mm。 注:检查时不得敲打制动盘的任何部位	

续上表

序　　号	检查部位	检查内容及要求	检查方法
机车底部	23. 二转向架前部	构架无裂纹、变形、开焊，各风管及卡子无松动，无破损漏风	目视手检
	24. 第六动轮轮对	(1)轮箍无裂纹、轮缘符合标准，无碾堆，轮箍，轮心结合良好，无移位。 (2)牵引电机大线无磨耗、灼痕，定位紧固。轮缘厚度33 mm	
	25. 第六动轮齿轮箱	箱体安装螺栓无松动，箱体无开焊、裂纹、漏油、变形，油封无漏油，油位符合标准，油堵不漏油，安装紧固	
	26. 第六牵引电机及悬挂装置	(1)电机风道干净，无油泥，电机外观良好，无裂纹，安装牢固。 (2)悬挂座无裂纹，开焊，连接杆、吊杆无裂纹，橡皮垫无裂纹，下部螺母开口销安紧固、齐全、防落板无断裂、变形	
	27. 六轮轮盘制动单元背部	(1)轮盘式制动单元安装牢固，螺栓无松动，单元制动缸无漏泄，缓解良好，活塞杆复位时，不得有卡滞现象，制动盘不得有明显的台阶沟槽、拉伤。闸瓦吊杆、支架无开焊、裂纹。弹停拉钩灵活。 (2)制动盘的摩擦面的摩擦限度不大于5 mm。 注：检查时不得敲打制动盘的任何部位	
	28. 第五动轮附近	参照前述检查内容及要求	
	29. 第四动轮附近	参照前述检查内容及要求	
	30. 第三砂箱及附近	参照前述检查内容及要求	
	31. 后台车横向油压减振器	套筒及座无裂纹，无漏油，安装螺栓齐全紧固。油压减振器坐焊缝无开焊	
	32. 后台车牵引杆附近	(1)检查各紧固件螺栓无松动、防缓线无位移。牵引销、橡胶关节及托板状态良好，O 形圈没有磨损、不超限。 (2)制动器外部状态良好，安装螺栓紧固，来风管及接头无漏泄和裂纹	
	33. 变压器油箱底部	箱体无开焊，无变形，无漏泄。管路安装螺栓紧固。 油箱外部状态良好管路、管接头无漏油，放油阀手轮铁丝无断开	

续上表

序　　号	检查部位	检查内容及要求	检查方法
机车底部	34. 前台车横向油压减振器	参照前述检查内容及要求	目视 手检
	35. 前台车牵引杆附近	参照前述检查内容及要求	
	36. 第二砂箱及附近	参照前述检查内容及要求	
	37. 第三电机附近	参照前述检查内容及要求	
	38. 第二电机附近	参照前述检查内容及要求	
	39. 第一电机附近	参照前述检查内容及要求	
	40. 第一砂箱左右后部	参照前述检查内容及要求	
	41. 前车钩下部及排障器	参照前述检查内容及要求	
机车上部	42. 一端司机室	(1)司机室门锁、手柄铅封齐全,作用良好。 (2)侧窗玻璃清洁,作用灵活,锁闭器良好。 (3)玻璃水箱安装牢固,冰箱门关闭良好。 (4)柜门各转换开关位置正确,转动灵活。柜门后部接线无松脱,柜内部接线紧固无松脱灼痕。 (5)紧急放风阀支架、手柄齐全,位置正确。 (6)副司机座椅安装牢固,扳手良好,作用灵活,司机室灯安装良好。 (7)前玻璃清洁,暖窗器接线无松脱。 (8)刮雨器作用良好,遮阳布无破损,作用良好。 (9)机车信号完好。 (10)操纵台表玻璃清洁,风表期限为 3 个月,其他仪表 6 个月。 (11)各扳键开关及转换开关作用良好,位置正确。 (12)风笛按钮安装良好,位置正确,手动灵活。 (13)电炉插座完整,空调控制柜各转换开关位置正确,接线无松脱。 (14)司机座椅安装牢固,各扳手良好,作用灵活。停车位置按钮、弹停制动/缓解按钮、压力组合模块、紧急停车按钮、各仪表状态指示灯良好、无线电状态良好。各按钮开关状态良好,电子制动阀(EBV)、各扳键开关、司控器手柄位置正确,状态良好。	

续上表

序　　号	检查部位	检查内容及要求	检查方法
机车上部	42. 一端司机室	(15)制动屏、微机显示屏、监控显示屏完整清洁安装良好。 (16)脚踏警惕阀,脚踏撒砂阀,脚踏风笛作用良好。 (17)取暖器安装牢固,接线无松脱。电冰箱良好。 (18)空调出风装置良好,车载电话、空调调节开关、各转换开关作用良好。 (19)机械间门作用灵活,密封胶条及玻璃压条严密,手把、门锁作用良好。 (20)司机室风扇外罩安装牢固	目视 手检
	43. 机械间左侧空压机附近	(1)空压机安装螺栓无松动。 (2)电机安装及接线良好。 (3)各管路无漏泄,进气过滤器无堵塞,玻璃球油表清晰,油质无乳化现象,油位正常,加油口开关良好。 (4)散热器风扇良好。 (5)总风安全阀、空压机安全阀安装及铅封良好。 (6)各排水阀应在"关闭"位。 (7)总风缸安装牢固,管接头无漏泄。 (8)双塔式空气干燥器安装螺栓无松动,各单元无漏泄,油水分离器、自动排污阀良好,控制电磁阀接线完好。 (9)车内通风机1安装牢固,接线良好。防护网、叶片无破损	
	44. 机械间右侧6A系统柜及通风机	(1)6A系统柜安装牢固,6A系统接线牢固指示灯显示正确。 (2)牵引风机风道外观良好,安装牢固,接线无松动	
	45. 左侧高压柜及低压柜	(1)高压柜安装牢固及门锁闭良好,接地开关在"工作"位,黄色钥匙完好。 (2)低压柜安装牢固及门锁闭良好,内部电器无烧损,接线无松脱烧损	
	46. 机械间右侧供电柜、电源柜及前复合冷却器	(1)供电柜安装牢固,内部电器无烧损,接线无松脱烧损,各开关位置正确。 (2)低压电源柜安装牢固,接线完好。电度表清晰完好。	

续上表

序　号	检查部位	检查内容及要求	检查方法
机车上部	46. 机械间右侧供电柜、电源柜及前复合冷却器	各自动开关良好。充电装置电源选择开关 SW 在“自动”位。蓄电池电压表显示应大于 94 V。 (3)滤波柜安装牢固,接线完好,内部电器无烧损,接线无松脱烧损,接线插头无松动。 (4)复合冷却器风道、冷却塔外观良好,安装牢固,管路无漏泄	目视手检
	47. 机械间左侧主变流柜	变流柜外观良好,水箱水位在“运行”位,接地开关在“工作”位,两个指示灯均熄灭,红灯亮时禁止拉接地开关,门锁闭良好	
	48. 机械间右侧主变流柜	参照前述检查内容及要求	
	49. 机械间左侧后复合冷却器附近	(1)复合冷却器风道、冷却塔外观良好,安装牢固,管路无漏泄。 (2)变压器储油柜无漏油,油位准确,油表清晰。 (3)通讯柜内部各主机安装牢固,接线无松脱烧损,各指示灯指示正确。 (4)供电柜安装牢固,内部电器无烧损,接线无松脱烧损,各开关位置正确	
	50. 机械间右侧总风缸附近	(1)空压机安装螺栓无松动。 (2)电机安装及接线良好。 (3)各管路无漏泄,进气过滤器无堵塞,玻璃球油表清晰,油质无乳化现象,油位正常,加油口开关良好。 (4)散热器风扇良好。 (5)总风安全阀、空压机安全阀安装及铅封良好。 (6)各排水阀应在“关闭”位。 (7)总风缸安装牢固,管接头无漏泄。 (8)双塔式空气干燥器安装螺栓无松动,各单元无漏泄,油水分离器、自动排污阀良好,控制电磁阀接线完好。 (9)卫生间门锁闭器良好,内部设施完好、清洁,各空气开关在“闭合”位	
	51. 机械间右侧通风机及制动柜	(1)牵引风机风道外观良好,安装牢固,接线无松动。 (2)监控器传感器安装良好。	

续上表

序　　号	检查部位	检查内容及要求	检查方法
机车上部	51. 机械间右侧通风机及制动柜	(3)总风缸塞门在“开放”位。 (4)蓝色钥匙在“开通”位。 (5)辅助压缩机安装牢固,油位符合标准,电机接地良好,接线无松脱,辅助干燥器完好。 (6)中央处理器(M-IPM)安装良好,接线无松脱。 (7)辅助压缩机按钮完好。 (8)继电器接口模块(RIM、CJB)接线良好。 (9)辅助控制模块、调压器模块安装及接线良好,紧急放风模块、停放制动辅助控制模块、升弓控制模块、撒砂控制模块、制动缸切除模块、弹停模块安装牢固,接线无松动,各塞门位置正确。 (10)电空控制单元: ①列车管控制部分安装及连线良好(BPCP)。 ②均衡风缸控制部分(ERCP)安装及连线良好,无塞门“关闭”位。 ③16 号管控制部分(16CP)安装及连线良好。 ④20 号管控制部分(20CP)安装及连线良好。 ⑤制动电磁阀 BCCP 安装良好。 ⑥13 号管控制部分(13CP)安装及连线良好。 ⑦电源按线盒(PSJB)安装及连线良好。 ⑧制动缸塞门在“开放”位。 (11)电空控制单元(EPCU)各管路接头无松动、无漏泄。 (12)弹停风缸、控制风缸安装牢固,管路无泄漏,排水阀塞门(U88、A14)“关闭”位,控制风缸塞门(U77)在“开放”位。 (13)前弓气路控制板、电磁阀、安全阀、调压阀完好,塞门在“开放”位。 (14)前台车轮缘润滑控制气路板,电磁阀、调压阀、各管路接头完好,塞门在“开通”位	目视 手检
	52. Ⅱ端司机室	参照前述检查内容及要求	

第五节　SS9 型电力机车部件检查

一、机车检查的路线及顺序

SS9 型电力机车部件检查顺序如图 2-4 所示。

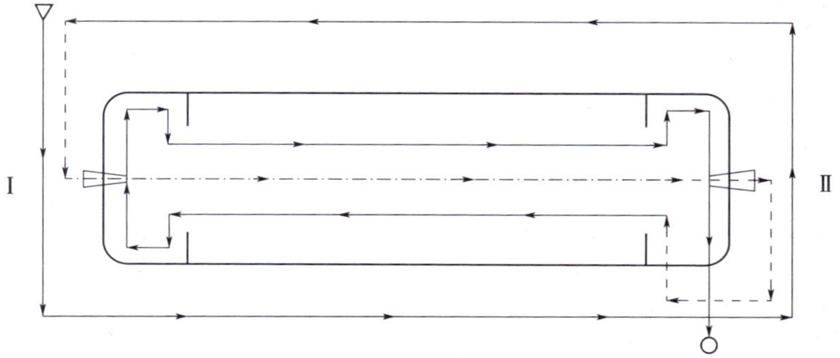

图 2-4　SS9 型电力机车部件检查顺序

说明：

(1)检查走行线──→；空走走行线-----；地沟走行线-·-·-·；始点△；终点○。

(2)机车Ⅰ端部——机车左侧及走行部——机车Ⅱ端——机车右侧及走行部——机车底部Ⅰ端排障器——机车底部第一转向架——机车底部第二转向架——机车底部Ⅱ端排障器——机械间左侧走廊——Ⅰ端司机室——机械间右侧走廊——Ⅱ端司机室——机车顶部。

二、SS9 型电力机车乘务员全面检查标准(表 2-10)

表 2-10　SS9 型电力机车乘务员全面检查标准

序　号	检查部位	检查内容及要求	检查方法
1. 机车前端部	(1) Ⅰ端前部及排障器左侧	①前照灯、副前照灯，标志灯外观完好、插座、插头(W1、W5、95QS、336XS)无松动	目视 手检
		②前窗玻璃及刮雨器完好，刮雨器胶皮与前窗玻璃接触面不少于 80%	目视
		③排障器无变形，距轨面高度符合规定；排障器距轨面高度 100~120 m	目视
		④各安装螺栓无松动	锤检

续上表

序　　号	检查部位	检查内容及要求	检查方法
1. 机车前端部	(2) Ⅰ端左侧总风缸软管	①折角塞门状态良好,无漏泄	目视 手检
		②防尘堵及安全链齐全	目视 手检
		③连接器口面与地面应垂直,胶圈无老化、损坏或丢失	目视 手检
		④软管卡箍牢固,卡耳间隙符合规定;卡耳间隙不少于5 m	目视 锤触
		⑤软管无老化、龟裂,水压试验标牌无丢失,试验期限符合规定,水压试验期限不超过3个月	目视 手检
		⑥软管与机车中心线夹角应为45°	目视 手检
		⑦风管卡子无松动	锤触
	(3) Ⅰ端钩提杆、车钩	①钩提杆支架安装螺栓无松动,支架无开焊	目视 锤检
		②钩提杆无变形,提钩时自动开放无抗劲车钩全开位为220~250 mm(手比测量)	目视 手检
		③钩舌销无折损,开口销符合规定,钩舌销径向间隙1~6 mm;钩舌销开度为45°~60°	目视 手检
		④车钩锁铁浮动量5~22 mm,钩舌与锁铁磨动部给油润滑,钩舌尾部与锁铁的侧面间隙3~15 mm;钩舌与锁铁磨动部应日常给油	锤检 测量
		⑤钩体、钩舌无裂纹,防跳台不少于90°	目视 锤检
		⑥钩舌厚度原形73 mm,磨耗不超过8 mm,钩舌与钩耳上下间隙符合规定;钩耳间隙8~10 mm	手检 测量
		⑦推动钩舌,转动灵活,闭锁位钩舌开度符合规定闭锁位钩舌开度为110~130 mm	手检 测量

续上表

序　　号	检查部位	检查内容及要求	检查方法
1. 机车前端部	(3) Ⅰ端钩提杆、车钩	⑧吊杆无裂纹，磨动部油润良好；日常给油	目视 手检
		⑨钩体与托板磨动部油润良好；日常给油	目视 手检
		⑩车钩应有中心水平线，距轨面垂直高度符合规定。两钩连挂后的车钩中心线高度差不许超过 75 mm；车钩中心水平线距轨面垂直高度为 815~890 mm	手检 测量
		⑪车钩防跳销锁闭作用良好	目视 手检
	(4)风管支撑架	无开焊及裂纹	目视
	(5) Ⅰ端右侧总风软管及制动软管	①折角塞门状态良好，无漏泄	目视 手检
		②防尘堵及安全链齐全完好	目视 手检
		③连接器口面与地面应垂直，胶圈无老化、损坏或丢失	目视 手检
		④软管卡箍牢固，卡耳间隙符合规定；卡耳间隙不少于 5 mm	目视 锤触
		⑤软管无老化、龟裂、水压试验标牌无丢失，试验期限符合规定，水压试验期限不超过 3 个月	目视 手检
		⑥软管与机车中心线夹角应为 40°	目视 手检
		⑦风管卡子无松动	锤触
	(6)列车供电插座	插座牢固，外观状态良好无破损	手检
2. 机车左侧及走行部	(7) Ⅰ端左侧司机室门及附近	①引导扶手及脚踏板安装牢固无开焊	目视 锤检
		②侧窗安装牢固，玻璃窗密封状态良好	目视
		③司机室门、手把杆、脚踏板安装牢固，无松动、开焊	目视 锤检
		④车体无凹凸，百叶窗无变形、丢失	目视

续上表

序　　号	检查部位	检查内容及要求	检查方法
2. 机车左侧及走行部	(8) Ⅰ端左侧排障器内侧及左撒砂装置	①总风管、制动管第二折角塞门卡子牢固，塞门应在“开放”位	目视 手检
		②机车信号接收器安装牢固，各穿销、开口销完好，接线无破损	目视 手检 锤检
	(9)左一砂箱及撒砂装置	①砂箱外观完好，箱盖锁闭严密	目视 手检
		②砂箱安装螺栓无松动	锤检
		③砂量充足、干燥，砂质符合规定；单箱储砂量 100 kg	目视 手检
		④撒砂器安装牢固、砂管、风管接头无松动，清扫堵无丢失	目视 手检 锤检
		⑤砂管支架安装牢固，砂管无堵塞，撒砂胶管无破损，管口应与轨面平行，距轨面高度不低于 25 mm；单管撒砂量 0.7~1.5 kg/min	锤检 目视 测量
		⑥扫石器安装牢固，胶皮完好无破损	目视 锤检
	(10)左一动轮	①轮箍轮辐无裂纹，传动销螺栓无松动；车轮直径(原形)1 250 mm	目视 锤检
		②轮箍踏面应无擦伤、缺陷、剥离。擦伤深度不大于 0.7 mm；缺陷或剥离长度不超过 40 mm，且深度不大于 1 mm	目视
		③轴箱内侧安装螺栓无松动，油封无漏油	目视 锤检
	(11)左一动轮制动装置	①单元制动器上下吊杆及座无裂纹，密封胶圈无老化，穿销、开口销完好，调整手轮作用良好	目视 手检
		②单元制动器安装牢固，风管接头无松动	目视 锤检
		③闸瓦及穿销安装正确，锁闭销锁闭作用良好	目视 锤检

续上表

序　　号	检查部位	检查内容及要求	检查方法
2. 机车左侧及走行部	(11) 左一动轮制动装置	④闸瓦无裂纹,吊杆螺母紧固,开口销完好	目视 锤检
		⑤闸瓦无偏磨,厚度不超限;闸瓦厚度 15 mm 到限	目视
		⑥闸瓦与轮箍踏面的缓解间隙符合规定;缓解间隙 6~9 mm	目视
		⑦防尘罩安装牢固	目视
	(12)左一轴箱	①轴箱拉杆无裂纹,长、短芯轴卡环无脱落,螺栓无松动,橡胶垫良好;梯形槽与芯轴间隙 2~8 mm	目视 锤检
		②轴箱前后圆簧及簧座无断裂、变形	目视 锤检
		③轴箱端盖安装螺栓齐全,无松动	锤检
		④轴箱温度正常,不超过 80 ℃。轴温传感器安装牢固,插头无松动	手检
		⑤测速电机安装螺栓无松动,接线及插头无松脱(165SD)	手检
		⑥一系垂向油压减振器无漏油,安装螺母无松动,上座及托板无裂纹,上罩与体不接磨	目视 锤检
		⑦轮缘喷油器及油缸安装牢固,各接头无松动,胶管无老化,喷嘴与轮缘角度应呈 45°	目视 锤检
		⑧二系垂向油压减振器体无漏油,安装牢固,座及支架无裂纹,罩与体无接磨	目视 锤检
	(13) 左一抗蛇行油压减振器	①转向架左侧构架各部无裂损、开焊	目视
		②转向架垂直支撑二系弹簧无裂纹,橡胶座无老化、龟裂	目视
		③抗蛇行油压减振器体无漏油,安装牢固,螺母无松动,座与支架无裂纹,罩与体无接磨	目视 锤检
	(14) 左一牵引杆装置	①牵引杆支架安装牢固,无开焊、裂纹	目视 锤检
		②侧挡安装牢固,螺栓无松动,胶垫无老化;侧挡间隙±30 mm	目视 锤检
		③左一横向油压减振器体无漏油,螺母无松动,支架无裂纹,罩与体无接磨	目视 锤检

续上表

序　　号	检查部位	检查内容及要求	检查方法
2. 机车左侧及走行部	(14)左一牵引杆装置	④轴温传感器安装牢固,各插头无松动	目视 手检
	(15)左二轴箱	参照前述(12)“左一轴箱”检查内容及要求	
	(16)左二动轮	参照前述(10)“左一动轮”检查内容及要求	
	(17)左二砂箱及撒砂装置	参照前述(9)“左一砂箱及撒砂装置”检查内容及要求	
	(18)左二动轮制动装置	参照前述(11)“左一动轮制动装置”检查内容及要求	
	(19)转向架垂直支撑二系弹簧	①转向架构架各部无裂损、开焊	目视 锤检
		②转向架垂直支撑二系弹簧无裂纹,橡胶座无老化、龟裂	目视 锤检
		③抗蛇行油压减振器体无漏油,安装牢固,螺母无松动,座与支架无裂纹,罩与体无接磨	目视 锤检
		④二系垂向油压减振器体无漏油,安装牢固,座及支架无裂纹,罩与体无接磨	目视 锤检
	(20)左三轴箱	①参照前述(12)“左一轴箱”检查内容及要求(145SD)	
		②第4、5轮之间增加:自动过分相装置安装牢固,接线无松动,防护胶皮无破损	目视 锤检
		③TVM430型地对车传输设备的速度传感器安装牢固,各插头无松动	目视 手检
	(21)左三砂箱及撒砂装置	参照前述(9)“左一砂箱及撒砂装置”检查内容及要求	
	(22)左三动轮	参照前述(10)“左一动轮”检查内容及要求	
	(23)左三动轮制动装置	参照前述(11)“左一动轮制动装置”检查内容及要求	
	(24)左四砂箱及撒砂装置	参照前述(9)“左一砂箱及撒砂装置”检查内容及要求	
	(25)左一蓄能制动器	①蓄能制动器安装牢固,螺母无松动	锤检

续上表

序　　号	检查部位	检查内容及要求	检查方法
2. 机车左侧及走行部	(25)左一蓄能制动器	②指示位置正确。防溜时处于“制动”位,动车前处于“缓解”位	目视
		③缓解拉环及弹簧作用良好,防尘罩无破损	目视 手检
		④调整装置良好,防缓螺母无松动	目视 手检
		⑤作用杆及连接穿销、开口销完好;保持油润,定期给油	目视
		⑥蓄能制动器风管接头无漏风	目视 手检
	(26)第一总风缸左侧	①112 塞门、163 排水阀位置正确,无漏泄	目视 手检
		②逆止阀作用良好,无漏泄	目视 手检
	(27)主变压器附近	①变压器油泵良好,无漏油	目视
		②车体底部主变压器油散热器进气无异物、油痕,波纹管蝶形阀法兰紧固螺栓无松动、漏泄	目视 锤检
		③油压继电器安装牢固,接线无松脱	目视 手检
		④主变压器油泵电机接线安装座牢固无松动,波纹管蝶形阀法兰紧固螺栓无松动	目视 锤检
		⑤主变压器油管进出口油管法兰焊接处无裂纹、漏泄	目视
	(28)第一总风缸右侧	参照前述(26)“第一总风缸左侧”检查内容及要求	
		第一总风缸 111 塞门安装牢固,位置正确,无漏泄	目视 手检
	(29)左侧车体及百叶窗	①车窗玻璃清洁,无破损	目视
		②百叶窗完整无变形	目视
		③车体无凹凸变形	目视

续上表

序　号	检查部位	检查内容及要求	检查方法
2. 机车左侧及走行部	(30)左三砂箱及撒砂装置	参照前述(9)“左一砂箱及撒砂装置”检查内容及要求	
	(31)左四动轮制动装置	参照前述(11)“左一动轮制动装置”检查内容及要求	
	(32)左四动轮	参照前述(10)“左一动轮”检查内容及要求	
	(33)左四轴箱附近	参照前述(12)“左一轴箱”检查内容及要求	
		①电机轴头盖安装牢固,螺栓齐全无松动	目视 锤检
		②接地线安装螺栓无松动,导线无破损,断股不得超过 10%	目视 手检 锤检
	(34)左二蓄能制动器	参照前述(25)“左一蓄能制动器”检查内容及要求	
	(35)转向架垂直支撑二系弹簧	参照前述(19)“转向架垂直支撑二系弹簧”检查内容及要求。 增加:自动过分相装置	
	(36)左五动轮制动装置	参照前述(11)“左一动轮制动装置”检查内容及要求	
	(37)左五动轮	参照前述(10)“左一动轮”检查内容及要求	
	(38)左五轴箱	参照前述(12)“左一轴箱”检查内容及要求	
	(39)左五牵引杆装置	参照前述(14)“左一牵引杆装置”检查内容及要求	
	(40)左二抗蛇行油压减振器	参照前述(13)“左一抗蛇行油压减振器”检查内容及要求	
	(41)一端入库插座	一端入库插座 30XS 安装牢固,状态良好	目视 手检
	(42)左六轴箱	参照前述(12)“左一轴箱”检查内容及要求	
	(43)左六动轮	参照前述(10)“左一动轮”检查内容及要求	
	(44)左六动轮制动装置	参照前述(11)“左一动轮制动装置”检查内容及要求	

续上表

<table>
<tr><th>序　　号</th><th>检查部位</th><th>检查内容及要求</th><th>检查方法</th></tr>
<tr><td rowspan="3">2. 机车左侧及走行部</td><td>(45)左六砂箱及撒砂装置</td><td>参照前述(9)“左一砂箱及撒砂装置”检查内容及要求</td><td></td></tr>
<tr><td>(46)Ⅱ端排障器左内侧</td><td>参照前述(1)“Ⅰ端前部及排障器左侧”检查内容及要求</td><td></td></tr>
<tr><td>(47)Ⅱ端左侧司机室门及附近</td><td>参照前述(7)“Ⅰ端左侧司机室门及附近”检查内容</td><td></td></tr>
<tr><td rowspan="5">3. 机车后端部</td><td>(48)Ⅱ端排障器左侧及右侧</td><td>参照前述(1)“Ⅰ端前部及排障器左侧”检查内容及要求。
增加:W4、W8、96QS、337XS、W6、W2、328XS</td><td></td></tr>
<tr><td>(49)Ⅱ端总风缸软管</td><td>参照前述(2)“Ⅰ端左侧总风缸软管”检查内容及要求</td><td></td></tr>
<tr><td>(50)Ⅱ端车钩</td><td>参照前述(3)“Ⅰ端钩提杆、车钩”检查内容及要求</td><td></td></tr>
<tr><td>(51)Ⅱ端制动软管</td><td>参照前述(5)“Ⅰ端右则总风软管及制动软管”检查内容及要求</td><td></td></tr>
<tr><td>(52)Ⅱ端右侧总风软管</td><td>参照前述(5)“Ⅰ端右则总风软管及制动软管”检查内容及要求</td><td></td></tr>
<tr><td rowspan="8">4. 机车右侧及走行部</td><td rowspan="4">(53)Ⅱ端右侧司机室门及附近</td><td>①引导扶手及脚踏板安装牢固无开焊</td><td>目视
锤检</td></tr>
<tr><td>②侧窗安装牢固,玻璃窗密封状态良好</td><td>目视
手检</td></tr>
<tr><td>③司机室门、手把杆、脚踏板安装牢固,无松动、开焊</td><td>目视</td></tr>
<tr><td>④车体无凹凸,百叶窗无变形、丢失</td><td>目视</td></tr>
<tr><td rowspan="2">(54)Ⅱ端右侧排障器内侧及附近</td><td>①总风管、制动管第二折角塞门、卡子完整,塞门应在“开放”位</td><td>目视
手检</td></tr>
<tr><td>②信号接收器安装牢固,各穿销、开口销完好,接线无破损</td><td>目视
手检
锤检</td></tr>
<tr><td rowspan="2">(55)右六撒砂装置</td><td>①砂箱外观完好,箱盖锁闭严密</td><td>目视
手检</td></tr>
<tr><td>②砂箱安装螺栓无松动</td><td>锤检</td></tr>
</table>

续上表

序　号	检查部位	检查内容及要求	检查方法
4. 机车右侧及走行部	(55)右六撒砂装置	③砂量充足、干燥，砂质符合规定；单箱储砂量 100 kg	目视 手检
		④撒砂器安装牢固、砂管、风管接头无松动，清扫堵无丢失	目视 手检 锤检
		⑤砂管支架安装牢固，砂管无堵塞，撒砂胶管无破损，管口应与轨面平行，距轨面高度不少于 25 mm，单管撒砂量 0.7～1.5 kg/min	锤检 目视 测量
		⑥扫石器安装牢固，胶皮完好无破损	目视 锤检
	(56)右六砂箱及动轮	①轮箍轮辐无裂纹，传动销螺栓无松动；车轮直径(原形)1 250 mm。轮缘垂直磨耗限度，锥形踏面向上 11.25 mm 处测量为 33～23 mm	目视 锤检
		②轮箍踏面应无擦伤、缺陷、剥离。擦伤深度不大于 0.7 mm；缺陷或剥离长度不超过 40 mm，且深度不大于 1 mm	目视
		③轴箱内侧安装螺栓无松动，油封无漏油	目视 锤检
	(57)右六动轮制动装置	①单元制动器上下吊杆及座无裂纹，密封胶圈无老化，穿销、开口销完好，调整手轮作用良好	手检 目视
		②单元制动器安装牢固，风管接头无松动	目视 锤检
		③闸瓦及穿销安装正确，锁闭销锁闭作用良好	目视 锤检
		④闸瓦无裂纹，吊杆螺母紧固，开口销完好	目视 锤检
		⑤闸瓦无偏磨，厚度不超限；闸瓦厚度 15 mm 到限	目视
		⑥闸瓦与轮箍踏面的缓解间隙符合规定；缓解间隙 6～9 mm	目视
		⑦防尘罩安装牢固	目视

续上表

序　　号	检查部位	检查内容及要求	检查方法
4. 机车右侧及走行部	(58)右六轴箱	①轴箱拉杆无裂纹,长、短芯轴卡环无脱落,螺栓无松动,橡胶垫良好;梯形槽与芯轴间隙 2~8 mm	目视 锤检
		②轴箱前后圆簧及簧座无断裂变形	目视 锤检
		③轴箱端盖安装螺栓齐全,无松动	锤检
		④轴箱温度正常,不超过 80 ℃,轴温传感器安装牢固,插头无松动	手检
		⑤测速电机安装螺栓安装无松动,接线及插头无松脱(115SD)	手检
		⑥一系垂向油压减振器无漏油,安装螺栓无松动,上座及托板无裂纹,上罩与体无接磨	目视 锤检
		⑦轮缘喷油器及油缸安装牢固,各接头无松动,胶管无老化,喷嘴与轮缘角度应呈 45°	目视 锤检
		⑧二系垂向油压减振器体无漏油,安装牢固,座及支架无裂纹,罩与体无接磨	目视 锤检
	(59)右二抗蛇行油压减振器	①转向架左侧构架各部无裂损、开焊	目视
		②转向架垂直支撑二系弹簧无裂纹,橡胶座无老化、龟裂	目视
		③抗蛇行油压减振器体无漏油,安装牢固,螺母无松动,座与支架无裂纹,罩与体无接磨	锤检 目视
	(60)右一牵引杆装置	①牵引杆支架安装牢固,无开焊、裂纹	目视 锤检
		②侧挡安装牢固,螺栓无松动,胶垫无老化;侧挡间隙 ±30 mm	目视 锤检
		③左一横向油压减振器体无漏油,螺母无松动,支架无裂纹,罩与体无接磨	目视 锤检
		④轴温传感器安装牢固,各插头无松动	目视 手检
	(61)右五轴箱	参照前述(58)“右六轴箱”检查内容及要求	
	(62)右五动轮	参照前述(56)“右六砂箱及动轮”检查内容及要求	

续上表

序　号	检查部位	检查内容及要求	检查方法
4. 机车右侧及走行部	(63)右五撒砂装置	参照前述(55)“右六撒砂装置”检查内容及要求	
	(64)右五动轮制动装置	参照前述(57)“右六动轮制动装置”检查内容及要求	
	(65)转向架垂直支撑二系圆簧及自动过分相装置	①转向架构架各部无裂损、开焊	目视 手检
		②转向架垂直支撑二系弹簧无裂纹，橡胶座无老化、龟裂	目视 手检
		③抗蛇行油压减振器体无漏油，安装牢固，螺母无松动，座与支架无裂纹，罩与体无接磨	目视 锤检
		④二系垂向油压减振器体无漏油，安装牢固，座及支架无裂纹，罩与体无接磨	目视 手检
		⑤第 2、3 轮之间自动过分相装置安装牢固，接线状态良好	目视 手检
	(66)右二蓄能制动器	①蓄能制动器安装牢固，螺母无松动	锤检
		②指示位置正确，防溜时处于“制动”位，动车前处于“缓解”位	目视
		③缓解拉环及弹簧良好，防尘罩无破损	目视 手检
		④作用杆防尘罩良好，调整装置良好，防缓螺母无松动	目视 手检
		⑤作用杆及连接穿销、开口销完好；油润良好，定期给油	目视
		⑥蓄能制动器风管接头无漏风	目视 手检
	(67)右四轴箱	参照前述(58)“右六轴箱”检查内容及要求(135S1D)	
	(68)右四动轮	参照前述(56)“右六砂箱及动轮”检查内容及要求	
	(69)右四动轮制动装置	参照前述(57)“右六动轮制动装置”检查内容及要求	
	(70)右三砂箱及撒砂装置	参照前述(55)“右六撒砂装置”、(56)“右六砂箱及动轮”的检查内容及要求。 增加：库用照明插座(660XS)良好	

续上表

序号	检查部位	检查内容及要求	检查方法
4. 机车右侧及走行部	(71)右侧车体及百叶窗	①库用插座(661XS)良好	目视 手检
		②变压阀支撑卡子紧固螺栓无松动,绝缘良好,接地软线及主变压器接入法兰紧固螺栓无松动	目视 手检 锤检
		③活塞式空气压缩机冷却管排水阀位置正确	目视 手检
		④主变压器油缸口紧固,无漏油	目视 手检
	(72)第二总风缸左侧(92)	①总风塞门(113)位置正确	目视 手检
		②总风缸排水阀(164)安装牢固,无松动、漏泄	目视 手检
	(73)第二总风缸右侧及附近	①总风缸安装牢固,安装带紧固螺栓无松动	锤检
		②总风缸支架无开焊	目视
	(74)右二砂箱及撒砂装置	参照前述(55)“右六撒砂装置”、(56)“右六砂箱及动轮”检查内容及要求	
	(75)右三动轮制动装置	参照前述(57)“右六动轮制动装置”检查内容及要求	
	(76)右三动轮	参照前述(56)“右六砂箱及动轮”检查内容及要求	
	(77)右三轴箱各部	参照前述(58)“右六轴箱”检查内容及要求	
	(78)右一蓄能制动器	参照前述(66)“右二蓄能制动器”检查内容及要求	
	(79)转向架垂直支撑二系圆簧	①转向架构架各部无裂损、开焊	目视
		②转向架垂直支撑二系弹簧无裂纹,橡胶座无老化、龟裂	目视 锤检
		③抗蛇行油压减振器体无漏油,安装牢固,螺母无松动,座与支架无裂纹,罩与体无接磨	目视 锤检
		④二系垂向油压减振器体无漏油,安装牢固,座及支架无裂纹,罩与体无接磨	目视 锤检
		⑤第 2、3 轮之间自动过分相装置安装牢固,接线状态良好	目视 手检 锤检

续上表

序　　号	检查部位	检查内容及要求	检查方法
4. 机车右侧及走行部	(80)右二动轮制动装置	参照前述(57)“右六动轮制动装置”检查内容及要求	
	(81)右二动轮	参照前述(56)“右六砂箱及动轮”检查内容及要求	
	(82)右二轴箱	参照前述(58)“右六轴箱”检查内容及要求	
	(83)右一牵引杆装置	①牵 311 杆支架安装牢固,无开焊、裂纹	目视 锤检
		②侧挡安装牢固,螺栓无松动,胶垫无老化;侧挡间隙 ±30 mm	目视 锤检
		③左一横向油压减振器体无漏油,螺母无松动,支架无裂纹,罩与体无接磨	目视 锤检
		④轴温传感器安装牢固,各插头无松动	目视 手检
	(84)右一抗蛇行油压减振器各部	①转向架左侧构架各部无裂损、开焊	目视
		②转向架垂直支撑二系弹簧无裂纹,橡胶座无老化、龟裂	目视
		③抗蛇行油压减振器体无漏油,安装牢固,螺母无松动,座与支架无裂纹,罩与体无接磨	目视 锤检
	(85)一端入库插座	入库插座(40XS)安装牢固、状态良好	目视 手检
	(86)右一轴箱	参照前述(58)“右六轴箱”检查内容及要求	
	(87)右一动轮	参照前述(56)“右六砂箱及动轮”检查内容及要求	
	(88)右一砂箱及撒砂装置	参照前述(55)“右六撒砂装置”、(56)“右六砂箱及动轮”检查内容及要求	
	(89)右一动轮制动装置	参照前述(57)“右六动轮制动装置”检查内容及要求	
	(90)Ⅰ端右侧排障器内侧	①总风管、制动管第二折角塞门、卡子完整,塞门应在“开放”位	目视 手检
		②机车信号接收器安装牢固,各穿销、开口销完好,接线无破损	目视 手检 锤检
		③砂箱外观完好,箱盖锁闭严密	目视 手检

续上表

序号	检查部位	检查内容及要求	检查方法
4. 机车右侧及走行部	(90) Ⅰ端右侧排障器内侧	④砂箱安装螺栓无松动	锤检
		⑤砂量充足、干燥，砂质符合规定；箱储砂量 100 kg	目视 手检
		⑥撒砂器安装牢固，砂管、风管接头无松动，清扫堵无丢失	目视 手检 锤检
		⑦砂管支架安装牢固，砂管无堵塞，撒砂胶管无破损，管口应与轨面平行，距轨面高度不低于 25 mm；管撒砂量 0.7~1.5 kg/min	锤检 目视 测量
		⑧扫石器安装牢固，胶皮完好无破损	目视 锤检
5. 机车后端部	(91) Ⅰ端右侧司机室门及附近	①引导扶手及脚踏板安装牢固无开焊	目视 锤检
		②侧窗密封状态良好	目视
		③司机室门、手把杆、脚踏板安装牢固，无松动、开焊	目视 锤检
		④车体无凹凸，百叶窗无变形、丢失	目视
6. 机车车底底部第一转向架	(92) Ⅰ端排障器内侧	①排障器安装螺栓及支撑杆安装螺栓齐全牢固	锤检
		②排障器及支撑杆无变形、裂纹	目视
	(93、94) Ⅰ端车钩钩尾框及附近	①车钩扁销无窜动，止退杆螺母无松动，开口销完好	目视 锤检
		②缓冲器箱体从板与钩尾框无裂纹	目视
		③托板螺栓无松动	锤检
		④弹簧箱与托板磨动部油润良好，日常给油	目视
		⑤钩腕磨动部油润良好，日常给油	目视
		⑥前、后从板与座油润良好，日常给油	目视
		⑦钩尾框导框磨动部油润良好，日常给油	目视
	(95) Ⅰ端牵引装置	车钩牵引座无裂纹，安装螺栓无松动，止动片状态良好	目视 锤检
	(96) Ⅰ端左侧扫石器	①扫石器安装牢固，夹板螺栓无松动	目视 锤检

续上表

序　号	检查部位	检查内容及要求	检查方法
6. 机车车底底部第一转向架	(96)Ⅰ端左侧扫石器	②扫石器胶皮无破损	目视 锤检
		③排障器角钢底面距轨面高度及扫石胶皮距轨面高度符合规定;排障器底面距轨面高度70~80 mm;扫石胶皮距轨面高度不少于25 mm	目视 测量
	(97)一轴左、右撒砂装置	①撒砂器、砂管安装牢固	锤检
		②撒砂风管,砂堵及调整螺栓,防缓螺母安装齐全牢固	目视 锤检
		③撒砂管支架无裂纹,安装螺栓无松动,砂管U形卡子无松动	目视 锤检
		④撒砂胶管无老化、变形,距轨面高度符合规定;胶管距轨面高度为30~50 mm	目视 测量
	(98)一轴左、右制动装置	①单元制动器上下吊杆及座无裂纹,穿销、开口销良好,调整手轮无破损,油润良好,日常给油	目视 手检
		②闸瓦托吊杆螺栓齐全紧固,开口销完好	目视 锤检
		③闸瓦穿销安装正确,锁闭销状态良好	目视
		④闸瓦无裂纹、偏磨,闸瓦厚度符合规定;闸瓦厚度15 mm到限	目视
		⑤闸瓦与轮箍踏面间隙6~9 mm	目视 测量
		⑥横向拉杆无裂纹、变形,调整螺栓无松动	目视 锤检
		⑦防脱钢丝绳无破损、断股	目视
		⑧防尘罩安装无破损,锁闭杆作用良好,开关灵活,加油堵无松漏	目视 手检
	(99)第一转向架	①后端架无裂纹	目视
		②第六轮对空心轴悬挂臂与端架座无裂纹,悬挂臂销卡簧无裂纹,螺栓无松动	目视 锤检
	(100)一轴及轴箱内侧	①轴箱拉杆无裂纹,心轴卡环无脱落	目视
		②轴箱内侧油封无甩油	目视

续上表

序　号	检查部位	检查内容及要求	检查方法
6. 机车车底底部第一转向架	(100)一轴及轴箱内侧	③轴箱(前)后圆簧无裂纹,簧距无异变	目视
		④轮箍踏面无擦伤、缺陷、剥离。擦伤深度不大于0.7 mm,缺陷或剥离长度不大于40 mm,并深度不大于1 mm,垂直磨耗深度不大于7 mm;轮箍内侧距离(1 353±3) mm	目视
		⑤轮箍、轮辐无裂纹	目视 锤检
		⑥轮缘无碾堆,轮缘磨耗不超限测量为33~23 mm;锥形踏面向11.25 mm处	目视
	(101)第一齿轮箱前部及各轴主传动盘附近	①齿轮箱无裂纹、漏油	
		②加油口、油尺状态良好,放油堵无丢失;定期补油	
		③齿轮箱合口螺栓无松动	
		④齿轮箱安装螺栓无松动	
		⑤空心轴传动盘及连杆无裂纹,连杆销、球关节状态良好,紧固螺栓及防缓卡子无松动	
		⑥大齿轮轴承油堵无丢失;定期补油	
		⑦空心轴温度传感器安装牢固	
	(102)第一牵引电机上部	①通风道帆布无破损,合口卡子无松动	
		②电机母线无老化、破损,夹板螺栓齐全、牢固	
		③接线盒盖严密,螺栓无松动,密封胶垫无老化	
	(103)第一空心轴外套	①空心轴外套无裂纹	
		②空心轴套与牵引电机连接座无裂纹,安装螺栓无松动	
		③空心轴连接状态良好,螺栓及防滑卡子无松动	
		④连接销无裂纹,球关节橡胶无老化	
	(104)一轴右侧及轴箱内侧	参照前述(100)“一轴及轴箱内侧”检查内容及要求	
	(105)第一牵引电机内部	①电机检查孔盖严密,锁闭作用良好,电机上部通风网无破损	
		②电机内部清洁无异物,轴承油封无甩油	
		③刷架固定销位置正确,压指到位,弹簧无断裂	

续上表

序　　号	检查部位	检查内容及要求	检查方法
6. 机车车底底部第一转向架	(105)第一牵引电机内部	④刷架调整螺母及防缓螺母无松动	
		⑤电刷、刷架无灼痕。刷辫无松动、断股；电刷 27 mm 到限，与换向器接触面不少于 80%	
		⑥电刷无破损，磨耗不超限	目视
		⑦主极、附加极绕组无烧损击穿	目视 手检
		⑧换向器表面无灼痕拉伤，表面磨耗不到限，云母槽深度符合规定；换向器表面磨耗不大于 0.1 mm，云母槽深度不少于 1.0~1.5 mm	目视 手检
		⑨转子与定子间气隙状态良好	目视
		⑩绝缘瓷瓶清洁，接线无松动	目视 手检
		⑪轴承加油堵无丢失，定期加油	目视 手检
		⑫电机温度传感器安装牢固	目视 手检
	(106)一轴及轴箱内侧	参照前述(100)“一轴及轴箱内侧”检查内容及要求	
	(107)左右轮缘喷油器	①轮缘喷油器安装牢固，油管接头无松动，胶管无老化	目视 锤检
		②喷嘴应对准轮缘根部成，并呈 45 °角	目视
	(108)第一齿轮箱后部	①齿轮箱体无裂纹变形	目视
		②安装螺栓及合口螺栓无松动	锤检
	(109)第一牵引电机端部	①电机通风网无破损、堵塞	手检
		②轴承加油堵无丢失，定期给油	目视 手检
		③电机温度传感器安装牢固，状态良好	目视 手检
	(110)一轴左侧及轴箱内侧	参照前述(100)“一轴及轴箱内侧”检查内容及要求	

续上表

序号	检查部位	检查内容及要求	检查方法
6. 机车车底底部第一转向架	(111)第一转向架中梁附近	①中梁无开焊，第二转向架牵引装置连接杆无裂纹	目视
		②悬挂臂支撑及座螺栓无松动，连接座无裂纹	锤检
		③各风管卡子无松动	目视 锤检
	(112)二轴及轴箱内侧	参照前述(100)"一轴及轴箱内侧"检查内容及要求	
	(113)第二齿轮箱	参照前述(101)"第一齿轮箱前部"检查内容及要求	
	(114)第二牵引电机上部	参照前述(102)"第一牵引电机上部"检查内容及要求	
	(115)第二空心轴外套	参照前述(103)"第一空心轴外套"检查内容及要求	
	(116)二轴右侧及轴箱内侧	参照前述(100)"一轴及轴箱内侧"检查内容及要求	
	(117)第二牵引电机内部	参照前述(105)"第一牵引电机内部"检查内容及要求	
	(118)第二齿轮箱后部	参照前述(108)"第一齿轮箱后部"检查内容及要求	
	(119)第二牵引电机端部	参照前述(109)"第一牵引电机端部"检查内容及要求	
	(120)二轴左侧及轴箱内侧	参照前述(100)"一轴及轴箱内侧"检查内容及要求	
	(121)二轴左侧制动装置	参照前述(98)"一轴左、右制动装置"检查内容及要求	
	(122)第一转向架中梁附近	参照前述(99)"第一转向架"检查内容及要求 增加：各风管、卡子无松动，接头无泄漏	目视 锤检
	(123)三轴及轴箱内侧	参照前述(100)"一轴及轴箱内侧"检查内容及要求	
	(124)第三齿轮箱前部	参照前述(101)"第一齿轮箱前部"检查内容及要求	
	(125)第三牵引电机上部	参照前述(102)"第一牵引电机上部"检查内容及要求。 增加：第2、4通风机进风口防护网安装牢固无破损、杂物	目视 锤检

续上表

序　号	检查部位	检查内容及要求	检查方法
6. 机车车底底部第一转向架	(126)第三空心轴外套	参照前述(103)“第一空心轴外套”检查内容及要求	
	(127)第三牵引电机内部	参照前述(105)“第一牵引电机内部”检查内容及要求	
	(128)第三齿轮箱后部	参照前述(108)“第一齿轮箱后部”检查内容及要求	
	(129)第三牵引电机端部	参照前述(109)“第一牵引电机端部”检查内容及要求	
	(130)三轴左侧极轴箱内部	参照前述(100)“一轴及轴箱内侧”检查内容及要求	
	(131)三轴左侧制动装置	参照前述(98)“一轴左、右制动装置”检查内容及要求	
	(132)三轴左侧撒砂装置	参照前述(97)“一轴左、右撒砂装置”检查内容及要求	
	(133)三轴右撒砂装置	参照前述(97)“一轴左、右撒砂装置”检查内容及要求	
	(134)第二转向架前端	参照前述(99)“第一转向架”检查内容及要求	
	(135)第二总风缸	①总风缸支架无裂纹	目视
		②安装带紧固螺栓无松动	锤检
	(136)变压器油散热器	散热器安装牢固，外观完整无漏油	目视
	(137)变压器底部	①放油阀手轮完好并紧固，放油口盖板安装螺栓无松动	锤检
		②变压器体无裂纹、漏油	目视
	(138)第一总风缸	参照前述(135)“第二总风缸”检查内容及要求	
7. 机车底部第二转向架	(139)第二转向架下部及第四、五、六轮对	参照前述(122)“第一转向架中梁附近”检查内容及要求	
8. 机车底部Ⅱ端排障器	(140)Ⅱ端车底排障器内侧	参照前述(92)“Ⅰ端排障器内侧”检查内容及要求	
		增加：机车电子标签安装牢固，螺栓无松动，接线无松脱	目视 手检

续上表

序　　号	检查部位	检查内容及要求	检查方法
9. 机械间左侧走廊	(141)电空制动屏柜内部	①玻璃清洁,压条严密无破损	目视
		②柜门锁闭作用良好,开关灵活	目视 手检
		③辅助压缩机按钮开关(596SB)手动作用良好	目视 手检
		④辅助风缸排水塞门(169)无松漏,排水作用良好	目视 手检
		⑤各风缸无漏泄,各压力表安装牢固,风管接头无松动	目视 手检
		⑥各继电器、接触器、电空阀安装牢固,接线无松脱	目视 手检
		⑦电动放风阀(94)、紧急放风阀(95)安装牢固无漏泄	目视 手检
		⑧中继阀、分配阀各逆止阀无漏泄	目视 手检
		⑨调压阀、压力开关、压力继电器安装牢固,风管接头无松漏,接线无松脱	目视 手检
		⑩各止阀均在"正常"位(重点检查:153、154、157、97、155、151、146、156)	目视 手检
		⑪电空逻辑控制单元(DKL)安装良好,各开关位置正确	目视 手检
		⑫温度控制盒安装良好,钮子开关位置正确	目视 手检
		⑬空电联合转换器安装牢固,状态良好	目视 手检
	(142)电空制动屏柜侧面	①辅助风缸(105)平稳装置扩充风缸(98)安装牢固,风管接头无松漏	目视 手检
		②插座插头(60XS)状态良好、无松脱	目视 手检
		③紧急阀制动管塞门(116)、电动放风阀制动管塞门(117)位置正确,各部无漏泄	目视 手检

续上表

序　　号	检查部位	检查内容及要求	检查方法
9. 机械间左侧走廊	(142)电空制动屏柜侧面	④主整流器(80V)安装牢固，无松动	目视 锤检
	(143)电空制动屏柜后部	①辅助压缩机(96)安装牢固，弹性连接器(447MD)状态良好无松动	目视 锤检
		②风管接头无漏泄，滤清器安装牢固	目视 手检
		③过充、均衡双室风缸(56、57)、辅助风缸(105)安装牢固，风管接头无松漏	目视 锤检
		④(62XP、64XS、64XP、DKL)插头状态良好无松动	目视 手检
		⑤空电联合电空阀(265YV、266YV)接线无松脱	目视 手检
		⑥空气屏柜后部：中继阀制动管塞门115、紧急放风阀制动管塞门116、电动紧急放风阀制动管塞门117、I转向架制动缸塞门119、Ⅱ转向架制动缸塞门120、空气、电空切换阀总风塞门124均应在开启状态	目视 手检
		⑦列车双管供风系统总风供风塞门38、输出塞门39均应在开启状态，调压阀37风表调整值符合规定；调压阀37风表调整值为600~630 kPa	目视 手检
		⑧空气干燥器系统Ⅰ、Ⅱ干燥塔排污塞门及油水分离器排污塞门应开启，应急塞门在关闭状态	目视 手检
		⑨空气干燥器电器控制及加温系统应开启供给电源	目视 手检
		⑩空气压缩机压力开关塞门139应在开启状态，接线无松动	目视 手检
		⑪轮缘喷油装置供风塞门147应在开启状态	目视 手检
		⑫TVM430型紧急排风系统的开关应开启，风管无漏风，接线无松动	目视 手检
	(144)蓄电池及附近	①蓄电池引线安装牢固，无氧化物，无灼痕	目视 手检

续上表

序　号	检查部位	检查内容及要求	检查方法
9. 机械间左侧走廊	(144)蓄电池及附近	②各脱扣开关置于"正常"位	目视 手检
	(145)Ⅱ端低压电器柜内部	①隔离开关标牌清晰,开关转换灵活,位置正确	目视 手检
		②玻璃清洁,压条严密无破损	目视 手检
		③柜门锁闭作用良好,开闭灵活	目视 手检
		④机车电度表安装牢固,接线无松脱	目视 手检
		⑤原边过流继电器 19KC 安装牢固,接线无松脱	目视 手检
		⑥高压互感器保险 102QA 位置正确,接线无松脱	目视 手检
		⑦降压变压器 100TV 安装牢固,接线无松脱	目视 手检
		⑧11 头灯继电器 442KM、440KM 安装牢固,接线无松脱	目视 手检
		⑨自动开关 228QA、238QA、224QA、226QA、222QA、218QA、220QA、216QA 位置正确,接线无松脱	目视 手检
		⑩接触器 210KM、212KM、240KM、208KM、204KM、206KM、202KM 接线无松脱	目视 手检
		⑪库用闸刀 235QS 动作灵活,位置正确	目视 手检
		⑫辅助过流继电器 228KC 安装牢固,接线无松脱	目视 手检
	(146)Ⅱ端低压柜后部	①照明灯罩无破损,接线无松脱	目视 手检
		②车内库用照明插座(683XS)牢固,状态良好	目视 手检
		③各继电器、接触器安装牢固,接线无松脱	手检 目视

续上表

序　号	检查部位	检查内容及要求	检查方法
9. 机械间左侧走廊	(146) Ⅱ 端低压柜后部	④移相电容(248C、250C、252C、254C)安装牢固，接线无松脱	手检 目视
		⑤主压缩机启动电空阀(248YV)安装牢固，接线无松脱	目视 手检
	(147) Ⅱ 端高压电器柜	①玻璃清洁、密封胶条严密无破损	目视 手检
		②柜门锁闭作用良好，开闭灵活	目视 手检
		③接地继电器(98KE)安装牢固，接线无松脱	目视 手检
		④接地闸刀(96QS)安装牢固，动作灵活，位置正确	目视 手检
		⑤接地电阻(192R、194R、196R)安装良好，接线无松脱	目视 手检
		⑥接地电容(198C)安装良好，接线无松脱	目视 手检
		⑦线路接触器(62KM、52KM、42KM)安装良好，灭弧罩无裂纹，风管无漏泄，线圈无烧损，接线无松脱	目视 手检
		⑧牵引电机故障闸刀(69QS、59QS、49QS)安装牢固，动作灵活，位置正确	目视 手检
		⑨励磁接触器(92KM)灭弧罩无裂纹，线圈无烧损，接线无松脱，风管无漏泄	目视 手检
		⑩电机电压传感器(162SV、152SV、142SV)安装状态良好，接线无松脱	目视 手检
		⑪库内转换开关(50QP)、空载试验转换开关(60QP)动作灵活，位置正确	目视 手检
	(148) Ⅱ 端高压电器柜	⑫二位置转换开关电空阀线圈无烧损，接线无松脱	目视 手检
		⑬二位置转换开关 108QPV、107QPR、108QPR 触片无烧损，风缸风管无漏泄，转轴止钉无松动丢失，线圈无烧损，接线无松脱	目视 手检

续上表

序　　号	检查部位	检查内容及要求	检查方法
9. 机械间左侧走廊	(148) Ⅱ端高压电器柜	⑭供电接地隔离开关(304QP)动作灵活,位置正确	目视 手检
		⑮过流继电器(384KC)安装牢固,接线无松脱	目视 手检
	(149) Ⅱ端高压柜后部	①固定分路电阻(44R、45R、46R)安装牢固,接线无松脱	目视 手检
		②励磁电流传感器(143SC、151SC、162SC)安装牢固,接线无松脱	手检 目视
		③电流传感器(141SC、151SC、161SC)的安装牢固,无烧损、接线无松脱	目视 手检
		④各连接扁铜线无灼痕,无松动	目视 手检
		⑤各支撑瓷瓶清洁、无放电痕迹	目视
	(150) 第三通风机(7MA)及附近	①电机底座紧固螺栓无松动	锤检 目视
		②电机安装螺栓无松动,吊环完好	锤检 目视
		③电机内部清洁无烧损	目视
		④电机接线无松动、烧损	目视 手检
		⑤电机轴承油堵无丢失,定期加油	目视 手检
		⑥通风机外罩及进风口滤网安装牢固无破损	目视 手检
		⑦风道内侧安装螺栓无松动	锤检 目视
		⑧第一风速继电器(519KF)安装牢固,接线无松动	目视 手检
		⑨电器室门锁闭作用良好,防护网无破损	手检
		⑩Ⅱ端高压柜进风管塞门(142)位置正确,无漏泄	目视 手检

续上表

序　　号	检查部位	检查内容及要求	检查方法
9. 机械间左侧走廊	(150)第三通风机(7MA)及附近	⑪主断路器供风阀(145)、排水阀(168)安装状态良好无漏泄	目视 手检
	(151)机车顶盖、照明灯、滤网	①顶盖安装螺栓无松动	锤检 目视
		②灯罩无破损，接线良好，无松脱。灯具齐全，状态良好	目视 手检
		③滤网无破损，无堵塞	目视
	(152)油冷却器 13MA	①箱体安装牢固，螺栓无松动，油堵状态良好，定期压油	目视 手检 锤检
		②帆布无破损	目视
	(153)第一劈相机(1MG)	①劈相机安装螺栓无松动，减振胶垫无老化，卡子无松动	目视 锤检
		②防护网无破损、堵塞	目视
		③电机内部无异物，转子转动灵活	目视
		④车载主机（车号车次）安装牢固，接线无松脱	目视 手检
		⑤Ⅰ端高压隔离开关(17QS)位置正确，状态良好	目视 手检
	(154)第一通风机(5MA)及附近	①电机底座紧固螺栓无松动	目视 锤检
		②电机安装螺栓无松动，吊环完好	目视 锤检
		③电机内部清洁无异物	目视
		④电机接线无松动，无过热变色	目视 手检
		⑤电机轴承油堵无丢失；定期给油	目视 手检
		⑥通风机外罩及进风口滤网安装牢固无破损	目视 手检
		⑦风道内侧安装螺栓无松动	目视 锤检

续上表

序　号	检查部位	检查内容及要求	检查方法
9. 机械间左侧走廊	(154)第一通风机(5MA)及附近	⑧第一风速继电器(519KF)安装牢固,接线无松动	目视 手检
	(155)复轨器	①复轨器安装支架状态良好,无裂纹	目视
		②复轨器安装牢固,螺栓无松动	锤检
	(156)安全钥匙箱及附近	①钥匙箱机械联锁作用良好,各电器室门钥匙齐全,位置正确	目视 手检
		②将司机电钥匙、换向手柄置于固定位置,并转换取下电气室门钥匙	手动 操作
	(157)第一空气压缩机(3MA)附近	①空气压缩机与电机弹性联轴节无老化剥离,螺栓无松动	目视 手检
		②风扇叶片安装牢固无松动,叶片无变形	目视 手检
		③油表、油管接头无松动、漏泄,油位符合规定	目视 手检
		④空气滤清器安装牢固	目视 手检
		⑤空气压缩机安全阀、限压阀、逆止阀状态良好,无漏泄	目视 手检
		⑥空气压缩机及电机安装牢固,螺栓无松动	锤检
		⑦电机接线紧固,无过热变色	目视 手检
		⑧自动过分相信号处理器安装牢固,接线无松脱	目视 手检
10. Ⅰ端司机室	(158)Ⅰ端司机室	①司机室门、锁、手柄齐全,作用灵活	目视 手检
		②侧窗玻璃清洁,开闭灵活,锁闭器作用良好	目视 手检
		③后视镜完整并动作良好	目视 手检
		④侧壁取暖装置(268R)安装牢固,接线无松脱	目视 手检

续上表

序　　号	检查部位	检查内容及要求	检查方法
10. Ⅰ端司机室	(158) Ⅰ端司机室	⑤紧急放风阀(122)支架牢固,手柄铅封齐全,位置正确	目视
		⑥副司机座椅安装牢固,各扳手状态良好,作用灵活。司机室灯安装良好	目视 手检
		⑦前窗玻璃清洁,暖窗器接线无松脱	目视 手检
		⑧刮雨器风缸安装牢固,风管接头无松动漏风,刮雨器、遮阳布作用良好无破损	目视 手检
		⑨机车信号,故障显示屏、辅助显示屏完整清洁,显示正常	目视 手检
		⑩操纵台仪表玻璃清洁,显示正确,各仪表检验日期不超限;风表为3个月,其他仪表6个月	目视
		⑪各扳键开关、转换开关作用灵活,位置正确	目视 手检
		⑫风笛控制扳手(16)安装良好,位置正确,手动作灵活	目视 手检
		⑬电路插座(292X8)状态良好,空调控制柜各转换开关位置正确,接线无松脱	目视 手检
		⑭司机座椅安装牢固,各扳手状态良好,作用灵活	目视 手检
		⑮微机显示屏清洁完整,状态良好	目视
		⑯电空制动器安装牢固,电空转换扳钮位置正确	目视 手检
		⑰手动及脚踏风笛作用良好	动作 试验
		⑱换向手柄、牵引手轮作用灵活,位置正确,接线无松脱	目视 手检
		⑲调压阀(53)安装良好,作用灵活,各止阀位置正确,风管接头无松漏	目视 手检
		⑳辅助控制器(628AC)安装良好,接线无松脱	目视 手检

续上表

序号	检查部位	检查内容及要求	检查方法
10. Ⅰ端司机室	(158)Ⅰ端司机室	㉑侧壁取暖装置(266R)、后墙壁取暖装置(298R、280R)安装牢固,接线无松脱	目视 手检
		㉒空调进出风装置状态良好,叶片无破损,作用灵活	目视 手检
		㉓微机系统进行Ⅰ、Ⅱ架及正常位试验,作用良好	手动 试验
		㉔LCU 逻辑控制单元进行 A、B 组转换试验,作用良好	手动 试验
		㉕2000 型监控器主机信号、轴温报警装置、上下行开关、电制动记录仪状态良好,接线无松脱	目视 手检
11. 机械间右侧走廊	(159)Ⅰ端低压电器柜与机械间走廊内部	①各隔离开关标牌清晰,转换灵活,位置正确	目视 手检
		②玻璃清洁,压条严密无破损	目视 手检
		③柜门锁闭作用良好,开闭灵活	目视 手检
		④283AK、296QS 位置正确,各转换开关位置正确	目视 手检
		⑤接地限流电阻(311R、312R、313R、314R)、交流保护电阻(261R)、辅接地电阻(262R)状态良好,接线无松脱	目视 手检
		⑥整流装置(290U、291U)状态良好,接线无松脱	目视 手检
		⑦交流保护变压器(281TC)安装牢固,接线无松脱	目视 手检
		⑧劈相机启动电阻接触器(213KM)安装牢固,接线无松脱	目视 手检
		⑨中间继电器(284KE)、辅接地中间继电器(285KE)安装牢固,状态良好,接线无松动脱	目视 手检
		⑩自动开关 227QA、215QA、239QA、223QA、217QA、225QA、211QA、219QA 位置正确,接线无松脱	目视 手检

续上表

序　　号	检查部位	检查内容及要求	检查方法
11.机械间右侧走廊	(159) Ⅰ端低压电器柜与机械间走廊内部	⑪接触器 211KM、213KM、241KM、209KM、201KM、203KM、205KM、207KM、439KM、401KM、441KM、402KM 安装状态良好,接线无松动	目视 手检
		⑫辅助库用转换开关、Ⅱ端低压箱(235QS)动作灵活,位置正确,作用良好	目视 手检
		⑬各接线无松动、烧损	目视 手检
		⑭各隔离开关标牌清晰,位置正确,接线无松脱	目视 手检
	(160)牵引接触器(93KM)及附近	①Ⅰ、Ⅱ端过电压吸收电阻(73R、74R、83R、84R)安装牢固,状态良好,接线无松脱	目视 手检
		②Ⅰ、Ⅱ端整流器负载电阻(75R、76R、85R、86R)安装牢固,状态良好,接线无松脱	目视 手检
		③Ⅰ、Ⅱ端次边压敏电阻(138RV、139RV、148RV、149RV)安装牢固,状态良好,接线无松脱	目视 手检
		④牵引接触器(93KM)安装状态良好,灭弧罩无裂纹,线圈无烧损,接线无松脱	目视 手检
	(161) Ⅰ端低压柜后	①车内库用照明插座(682XS)安装良好	目视 手检
		②各继电器,接触器安装状态良好,接线无松脱	目视 手检
		③移相电容(251C、253C、247C、249C)安装状态良好,接线无松脱	目视 手检
		④主压缩机启动电空阀(247YV)安装状态良好,接线无松脱,线圈无烧损	目视 手检
		⑤Ⅰ端受电弓控制系统、升弓电空阀状态良好,143 塞门位置正确	目视 手检
		⑥劈相机启动电阻 263R、264R 无烧损,接线良好	目视 手检
		⑦Ⅰ高压箱线路接触器(12KM、22KM、32KM),灭弧罩无裂纹,风管无漏泄,线圈无烧损,接线无松脱	目视 手检

续上表

序　　号	检查部位	检查内容及要求	检查方法
11. 机械间右侧走廊	(161) Ⅰ端低压柜后	⑧整流柜后部各接线无松脱、过热、变色	目视 手检
	(162) Ⅰ架电阻制动轴流风机	①电机底座紧固螺栓无松动	目视 锤检
		②电机安装螺栓无松动,吊环完好	目视 锤检
		③电机内部清洁无异物	目视
		④电机接线无松动,接线无过热、变色	目视 手检
		⑤电机轴承油堵无丢失,定期给油	目视 手检
		⑥通风机外罩及进风口滤网安装牢固,无破损	目视 手检
		⑦风道内侧安装螺栓无松动	目视 锤检
	(163) 制动电阻和制动风机	①风速继电器(514KF、512KF)安装牢固,接线无松脱	目视 手检
		②制动风机安装牢固(12MA、10MA)加油堵状态良好,定期给油	目视 手检
		③接地线状态良好,接线无松动	目视 手检
	(164) Ⅰ端高压电器	①玻璃清洁明亮,橡胶压条严密无破损	目视
		②柜门锁闭作用良好,开闭灵活	目视 手检
		③接地继电器(97KE)安装牢固,接线无松脱	目视 手检
		④接地闸刀(95QS)状态良好,位置正确	目视 手检
		⑤接地电阻(191R、193R、195R)定态良好,接线无松脱,电阻无烧损	目视 手检

续上表

序　　号	检查部位	检查内容及要求	检查方法
11. 机械间右侧走廊	(165)牵引接触器(93KM)及附近	①接地电容(197C)状态良好，接线无松脱	目视 手检
		②线路接触器(12KM、22KM、32KM)灭弧罩无裂纹，风管无漏泄，线圈无烧损，接线无松脱	目视 手检
		③牵引电机故障闸刀(19QS、29QS、39QS)位置正确，作用良好	目视 手检
		④励磁接触器(91KM)安装牢固，灭弧罩无裂纹，线圈无烧损，接线无松脱，风管无漏泄	目视 手检
		⑤牵引电机电压传感器(112SV、122SV、132SV)安装牢固，线圈无烧损，接线无松脱	目视 手检
		⑥入库转换开关(20QP)、空载试验转换开关(10QP)位置正确，作用良好	目视 手检
		⑦线路接触器(12KM、22KM、32KM)励磁接触器91KM及二位置转换开关、电空阀状态良好，接线无松脱	目视 手检
		⑧二位置转换开关107QP 触片无烧损，风缸、风管无漏泄，转轴止钉无松动，无丢失，手柄作用良好，线圈无烧损，接线无松脱	目视 手检
		⑨供电接地隔离开关(303QP)位置正确，作用良好	目视 手检
		⑩过流继电器(383KC)安装牢固，接线无松脱	目视 手检
	(166)Ⅰ端高压柜后部	①固定分路电阻(14R、24R、34R)无烧损，接线无松脱	目视 手检
		②励磁电流传感器(133SC、123SC、113SC)安装状态良好，接线无松脱	目视 手检
		③电流传感器(131SC、121SC、111SC)，安装状态良好，接线无松脱	目视 手检
		④各连接扁铜排线无灼痕，无过热变色	目视 手检
		⑤各支撑瓷瓶清洁完好，无放电痕迹	目视

续上表

序　号	检查部位	检查内容及要求	检查方法
11. 机械间右侧走廊	(167)第四通风机(8MA)	参照前述(143)"第三通风机(7MA)及附近"检查内容及要求(牵引风速 522KF) 增加:Ⅱ端高压隔离开关 18QS 位置正确	目视 手检
	(168)变压器油箱	①箱体安装牢固,螺栓无松动	目视 锤检
		②箱体放油堵无漏油,油位表显示油位符合规定;不定期补充 45 号变压器油,保持规定油位	目视
		③干燥剂呈蓝色,变色超过 2/3 应更换	目视
		④空调电源箱状态良好,熔断器位置正确	目视 手检
	(169)第二劈相机(2MA)	①劈相机安装螺栓无松动,减振胶垫无老化,卡子无松动	目视 锤检
		②防护网清洁完整,无破损堵塞	目视
		③电机内部清洁无异物,转子转动灵活	目视
		④电机接线无松动,无过热、变色	目视 手检
		⑤轴承端盖螺栓无松动,加油堵无丢失,定期给油	目视 手检
		⑥劈相机壳体接地线螺栓及接线无松动,接线断股不得超过 10%	目视 手检
	(170)第二通风机及附近(6MA)	参照前述(150)"第三通风机(7MA)及附近"检查内容及要求(风速继电器 520KF) 增加:①复轨器安装支架状态良好,无裂损。 ②复轨器安装牢固,螺栓无松动	目视 锤检
	(171)第二空气压缩机(4MA)	①空气压缩机与电机弹性联轴节无老化剥离,螺栓无松动	目视 手检
		②风扇安装牢固,叶片无变形、松动	目视 手检
		③油表,油管接头无松动、漏泄	目视 手检
		④空气滤清器安装牢固,油位符合规定	目视 手检

续上表

序　　号	检查部位	检查内容及要求	检查方法
11. 机械间右侧走廊	(171)第二空气压缩机(4MA)	⑤空气压缩机安全阀、限压阀，逆止阀状态良好，无漏泄	目视 手检
		⑥空气压缩机及电机安装牢固，螺栓无松动	锤检
		⑦电机接线紧固，无过热、变色	目视 手检
		⑧微机箱各接线无松动	目视 手检
12. Ⅱ端司机室	(172)Ⅱ端司机室各部件	①Ⅱ端司机室各部件参照Ⅰ端司机室各部件	目视 手检
		②副司机后面墙壁各隔离开关位置正确	目视
		③热水器、食品加热器、灭火器齐全良好，铅封无破损	目视 手检

复习思考题

1. 机车检查锤检法分为哪几种？
2. 机车检查手检法有哪些规定？
3. 机车检查注意事项有哪些规定？
4. 机车检查作业要求是什么？
5. HXD_2 型电力机车的检查顺序是什么？
6. HXD_2 型电力机车抱轴箱、齿轮箱的具体检查项点有哪些？
7. HXD_2 型电力机车的排障器、扫石器、撒砂管距轨面的高度是多少？
8. HXD_{3B} 型电力机车车钩的主要参数有哪些？
9. HXD_{3B} 型电力机车制动软管具体检查项点有哪些？
10. HXD_{3B} 型电力机车动轮的具体检查项点有哪些？
11. HXD_{3B} 型电力机车空气压缩机的具体检查项点有哪些？
12. HXD_{3D} 型电力机车电空控制单元(EPCU)的具体检查项点有哪些？
13. HXD_{3D} 型电力机车轮盘制动单元的具体检查项点有哪些？
14. HXD_{3D} 型电力机车主变流柜的具体检查项点有哪些？
15. SS_9 型电力机车制动装置的具体检查项点有哪些？
16. SS_9 型电力机车撒砂装置的具体检查项点有哪些？

复习思考题答案

第一章

1. HXD_2型电力机车应急故障处理基本原则是什么？

答：(1)机车故障保护隔离设备后，主断路器未跳开，满足牵引需求，可不做处理，维持运行。

(2)机车故障保护隔离设备后，主断路器跳开，按压“微机复位”按钮 3 s 以上，重新闭合主断路器成功，维持运行。

(3)若上述操作主断路器仍无法闭合，查看 DDU 微机显示屏故障提示信息，并按照下述应急故障处理办法进行相关操作。

(4)若上述操作仍无法闭合，停车进行蓄电池下电（大复位）操作。

注意：闭合主断路器前，一是必须确认 DDU 微机显示屏显示网压和机械网压表网压正常，在 17 500 V 到 31 500 V 范围内。二是确认 DDU 微机显示屏主断路器允许闭合标识显示。

2. HXD_2型电力机车受电弓无法降下应怎样处理？

答：(1)确认主断路器断开，依次断开电钥匙和蓄电池断路器。

(2)到机械间制动屏柜上将 U99 塞门断开（蓝钥匙拔下）。

(3)到相对应受电弓的升弓阀盘下方，依次进行下述操作，直到降下为止：将受电弓风管路塞门置“关闭”位，将升弓阀盘滤清器排水阀打开，将受电弓升弓阀盘上的调压阀拧至最左端，即将升弓压力调到 0。

注意事项：受电弓无法降下，禁止通过高压隔离开关对受电弓进行隔离操作。

3. HXD_2型电力机车需要进行高压隔离开关甩单节应怎样处理？

答：(1)将制动柜上的蓝钥匙由“工作”位打至“隔离”位后取出，切断升弓气路；将蓝钥匙插入接地开关 H(O-M)上的蓝钥匙孔旋转 90°，将接地开关 H(O-M)的手柄由“操作”位转动至“接地”位，使车顶高压回路接地，取下接地开关 H(O-M)

上的黄钥匙。

(2)将黄钥匙插在通用柜的安全钥匙联锁箱钥匙槽内，旋转 90°，取下钥匙箱上的绿钥匙，再将绿钥匙插入高压隔离开关绿钥匙孔旋转 90°，下拉把手将高压隔离开关打“隔离”位。

(3)取下高压隔离开关绿钥匙插入通用柜的安全钥匙联锁箱钥匙槽内，取下黄钥匙插入接地开关黄钥匙孔，将接地开关 H(O-M)的手柄由“接地”位转动至“操作”位，再取下蓝钥匙插入制动柜上的蓝钥匙孔，由“隔离”位打至“工作”位(逆向恢复)。

4. HXD_2 型电力机车需要进行微机控制系统甩单节应怎样处理？

答：(1)微机控制系统甩单节

机车非操纵节发生以下故障时，通过微机复位及大复位处理无效后，需进行微机控制系统甩单节：

a. 单节机车网关 GW1、GW2 同时故障，显示屏显示 UIC 网关 1 通信故障、UIC 网关 2 通信故障、无法识别本车或重联车通信故障信息。

b. 单节机车微机控制系统 MPU1、MPU2 同时故障，显示屏显示无法识别本车或重联车通信信息、MPU1 故障、MPU2 故障等信息。

c. 机车远程输入输出模块 RIOM2 网关通信故障，显示屏显示 RIOM2 网关通信故障、主变压器压力保护、受电弓隔离阀隔离位、受电弓隔离等故障信息。

(2)微机控制系统甩单节操作方法

断开非操纵节网关供电断路器[CC(AL)GW]后，按压微机复位按钮 3 s 以上，重新主断路器闭合后维持运行。

5. 法维莱制动机制动柜分配阀 EPM 故障应怎样处理？

答：(1)故障现象：

机车不缓解，制动显示屏提示故障信息“分配阀 EPM 故障，结束运行后与维修人员联系”。

(2)处理方法：

①若制动机作用正常，则维持运行不处理。

②若机车无法正常制动、缓解，切换到备用模式下。

6. HXD_2 型电力机车停放制动不缓解或停放制动不一致应怎样处理？

答：(1)故障现象：

①按压操纵台停放制动缓解按钮，机车停放制动不缓解。

②微机显示屏提示故障信息“机车停放制动不一致”。

（2）处理方法：

①确认机车总风缸压力不低于 700 kPa，按压操纵台缓解按钮不少于 3 s。

②检查两节微机柜蓄电池，停放制动断路器是否在“闭合”位，如发现断开，立即闭合。

③分别对两节车制动柜上停放制动电磁阀进行手动缓解操作。

④仍处理无效，对机车进行大复位处理。

注意事项：停放制动不缓解或停放制动不一致处理完毕后，必须在停放制动缓解状态下，确认四个转向架停放制动指示器均为缓解状态（显示绿色），否则禁止动车。

7. HXD_{3B} 型电力机车辅助变流器接触器故障应怎样处理？

答：（1）若显示屏显示 K501、K502 或 K503 粘连，将对应辅助变流器手动隔离，其中 K501 对应辅助变流器 1，K502 对应辅助变流器 2，K503 对应辅助变流器 3。

（2）若显示屏显示 K504 或 K505 粘连，手动将已隔离的辅助变流器进行恢复，并重新隔离，多次尝试仍无法消除，断开断路器 QA80、QA81 1 min 后重新闭合。

8. HXD_{3B} 型电力机车换端后自阀“运转”位，机车不缓解应怎样处理？

答：（1）进入空气制动系统—制动设置界面，确认主界面为“本机、货车/投入、不补风”，均衡风缸压力为需设定的压力。

（2）若显示屏提示“53 电磁阀失效”故障信息，到另一端闭合电钥匙，待显示屏进入主界面后，将自阀置于“重联”位后重新换端。

（3）处理无效，断开蓄电池断路器 QA80、QA81，1 min 以上再闭合。

9. HXD_{3D} 型电力机车接触网无网压应怎样处理？

答：（1）微机报“自动降弓装置动作”，应立即停车检查接触网及受电弓状态，并做车顶绝缘检测。

（2）微机未报警，联控询问车站网压情况。

（3）检查受电弓是否真正升起，升起后接触网仍然无网压，先检查原边电压 QA1 脱扣是否跳开再检查高压电压互感器是否炸裂。

10. HXD_{3D} 型电力机车主断路器不能闭合微机报 CI 故障的处理方法是什么？

答：（1）确认网压正常（17.5~30 kV）否则主断路器无法闭合。

(2)调速手柄回“0”位,将主断路器开关扳到“断开”位再重新闭合主断路器。

(3)按复位按钮,将主断路器开关扳到“断开”位再重新闭合主断路器。

(4)如主断路器合不上或提手柄就跳主断路器,切除三台牵引电机,正常维持运行。若不正常恢复上述三台电机,切除另外三台电机维持运行。条件允许时逐一恢排除故障电机。

11. HXD3D 型电力机车空压机不动作应怎样处理?

答:(1)必须确认辅助变流器工作正常,手动强泵空压机正常,维持运行注意总风缸风压力。

(2)手动强泵空压机也不工作,按压微机柜内继电器盘空压机继电器维持运用。

注意:一旦机械间内的防火探头报警,应立即将该风泵脱扣断开。

(3)微机报压缩机 MA19/20 超温超压、低温预热保护处理方法:

①检查空压机油位,油位正常且空压机无过热现象时,可将应急开关至“短接”位。

②检查空压机无油位或空压机有过热现象时,断开相应空压机断路器。

(4)微机报压缩机 MA19、MA20 故障处理方法:空压机断路器下压到底后,再向上推至“闭合”位。

12. HXD3D 型电力机车列车供电接地故障应怎样处理?

答:列车供电负线(正线)接地故障

(1)乘务员首先与后部车辆进行联系,请求车辆乘务员断开所有负载,如空载试验正常,要求车辆乘务员查找接地点。

(2)断开列车供电钥匙开关,将 AB 组转换开关打到另一组重新闭合电钥匙。

(3)将接地列车供电柜上接地开关打到“隔离”位。

13. HXD3D 型电力机车列车供电过流故障应怎样处理?

答:(1)运行中发生过载故障时,应重新供电一次,如能消除故障则继续运行。

(2)如频繁过载,断供电钥匙及主断路器,将供电转换开关转换到另一组,再合主断路器重新供电。

(3)仍不能消除则应通知车辆乘检查找故障点。

14. HXD3D 型电力机车列车供电直流侧过压应怎样处理?

答:(1)运行中微机状态屏偶尔提示直流侧过压时,如能很快消除,属正常现象,无需处理。

(2)如长时间提示某一路过压,应和车辆乘检联系确认车辆 600 V 电压是否正常,正常时维持运行,回段处理。

(3)如车辆 600 V 电压不正常,则通知车辆乘检将负载转至正常的一组维持运行。

(4)断供电钥匙及主断路器,将供电转换开关转换到另一组,再合主断路器重新供电。

15. SS9 型电力机车自动过分相故障应怎样处理?

答:(1)微机报自动过分相故障时处理方法:

①手动维持运行。

②重新闭合 QA52 或自动过分相控制盒上的开关。

(2)微机无故障信息时处理方法:

①手动维持运行。

②条件允许时对微机系统进行小复位。

注意:自动过分相故障消除后,机车乘务员要重点注意后三个分相区,看自动过分相是否正常。

16. 双管供风压力调节故障应怎样处理?

答:(1)双风管调压阀位置:非操纵端风泵处。

(2)松开双风管调压阀备母。

(3)由低向高调整压力时,顺时针旋转调压阀顶杆供风压力增大。

(4)由高向低调整压力时,需逆时针旋转调整阀顶杆供风压力减小,必须下车排放机车端部总风管压力后再观察双风管压力值。

17. SS9 型电力机车蓄电池不充电故障应怎样处理?

答:(1)运行中发现蓄电池不充电,检查电源柜内 600QA 脱扣是否跳开,如果跳开重新闭合。

(2)闭合后还不充电,将电源箱 A、B 组转换至另外一组。如还不充电盯住控制电压维持运行并立即反馈故障信息。

18. SS9 型电力机车劈相机故障应怎样处理?

答:(1)劈相机不工作,检查劈相机脱扣是否合上。

(2)若脱扣闭合后还不工作,转换逻控再起劈相机。

(3)还不工作,将劈相机 242QS(Ⅰ端低压柜门外)置“2PX”位。

(4) 2PX 还不启动, 将 296QS (Ⅰ 端低压柜内) 置“故障”位, 转换 283AK、213KM。

19. 转空气闸操作的步骤是什么?

答:(1)放置止轮器,做好机车放溜工作。

注:若不放置止轮器,可能导致机车溜逸。

(2)电空闸手柄放置“运转”位。注:若不放置“运转”位,可能导致均衡风缸与列车管联通,空气闸转换无法完成。

(3)将空气闸手柄置“缓解”位。

注:若不放置“缓解”位,后续挑战调压阀时,无法观察均衡风缸压力。

(4)将小闸左侧电空扳钮置“空气”位。

注:若扳置不到位,易造成列车不减压,列车无制动力。制动缸压力上升慢,机车无制动力等严重故障现象。

(5)司机室左侧柜门内 53(Ⅱ端 54)调压阀压力值设定为 600 kPa。

注:调整压力时,将上盖向上提起,顺时针旋转上盖,同时观察均衡风缸压力。

(6)将制动柜内 153 号阀扳置“空气”位。

注:该塞门若不关闭,易造成均衡风缸不保压。转空气闸后故障现象依然存在。

(7)将制动柜内 157 塞门关闭。

注:若 157 塞门不关闭,易造成总分向列车管充风,列车无法减压。

第二章

1. 机车检查锤检法分为哪几种?

答:锤检法分为:锤击法、锤触法、锤撬法。

2. 机车检查手检法有哪些规定?

答:(1)手动:手动法对不适宜锤检部件应用手动检查。手动包括:晃、拍、握、拧。适用于较细小的螺钉、管接头、各种阀门及仪表、电器等。

(2)手触:主要适用于检查有关部件的温度、管路的振动、高压油管的脉冲等。

注意事项：在运行中不能进行手触温度检查部件，应在停车后马上进行，手触时应先用手指感觉温度，再用手背判断温度。

3. 机车检查注意事项有哪些规定？

答：(1)对机车上的风管、油管、水管接头及有压力的部件禁止用检查锤敲击对各部件的光洁面或两摩擦部件的接触面禁止用检查锤敲击螺母时，不得向松动的方向敲击，不要敲在螺母的方棱或丝扣上，敲击的轻重应根据螺母的大小决定。

(2)试验电气装置时，厉行呼唤应答制度，确认各转动部件不碍后放准进行试验检查带电部件及转动部件禁止手触，以防触电或被电动部件打伤。

(3)检查作业中，要注意人身安全，禁止跳越地沟。在无接触网线路上检查机车顶部时，要站稳、抓牢。

(4)启动柴油机前，必须确认柴油机各部状态良好，且须两人紧密联系，确保安全。试验制动机前，应确认车底无作业人员，厉行呼唤应答制度与鸣笛规定。

(5)启机(升弓)后，离开司机室时，应实行单阀制动，下车前，应将换向手柄置于“中立”位，励磁开关“断开”位。

4. 机车检查作业要求是什么？

答：(1)机车检查前必须遵守“先联系，后检查”的制度，并通知有关作业人员，在操作手柄开关处挂好禁动标志。

(2)检查机车时应做到，顺序检查，不错不漏；姿势正确，步伐不乱；锤分轻重，目标准确；目视耳听，仔细周到；鼻嗅手触，灵活熟练；仪表量具，运用自如；判断故障，迅速果断。

(3)检查带有压力的管子、细小管接头螺母、14 mm 及其以下的螺母以及对光洁度要求较高或有镀层的部件时，禁止锤击，用手晃动、排挤、拧动部件时要用力适当，防止损伤部件，尤其是检查线路接头与紧固件松紧度时，要顺时针拧动，禁止反方向敲击螺母，螺栓或打在螺栓、螺母的棱角上。检查带电部件及转动部件时，禁止手触，以防触电或挤伤。

(4)对加封的零部件(如铅封、漆封)严禁随意破封，各种保护装置不得随意变动其作用参数，各部件检查后，必须恢复定(原)位。

(5)检查机车时要注意人身安全，严禁跳越地沟。

(6)电力机车进行登顶作业时，机车必须停在安全区内，并办妥停电手续，挂好接地线后方能进行，上车顶必须由车顶门登上整备台架专用通道，严禁从其他地方爬上车顶。在检查中，应注意防止跌落和摔伤，确保人身安全。

（7）电力机车升弓作高压试验前。必须确认各高压室和地沟内无人后方可进行，高压试验、升弓、降弓，必须按规定鸣笛和呼唤应答后方可进行，以保证人身安全。

5. HXD_2 型电力机车的检查顺序是什么？

答：机车 B 节端部——右侧走行部——机车前部——左侧走行部——车底部——司机室——机械间走廊两侧——司机室——电器动作试验——制动机试验。

6. HXD_2 型电力机车抱轴箱、齿轮箱的具体检查项点有哪些？

答：（1）齿轮箱箱体无裂纹、漏油。遇漏泄时检查油位，应符合要求。

（2）加油口、放油堵齐全无丢失。

（3）齿轮箱合口螺栓、安装螺栓无松动。

（4）抱轴箱各部部件无缺损，各安装螺栓无松动，抱轴承油脂不漏泄。

（5）齿轮检查盖密封良好，无漏泄。

7. HXD_2 型电力机车的排障器、扫石器、撒砂管距轨面的高度是多少？

答：（1）排障器安装牢固、无变形，距轨面高度 110^{+10}_{0} mm。

（2）扫石器安装牢固、无缺损，胶皮距轨面高度 31^{+10}_{-5} mm。

（3）撒砂管距轨面高度为 25^{+10}_{0} mm。

8. HXD_{3B} 型电力机车车钩的主要参数有哪些？

答：（1）钩提杆支架安装螺栓无松动，焊坡无开焊。

（2）钩提杆无变形，提钩时自动开放无抗劲，全开位 220～250 mm。

（3）钩舌销无折损，开口销开度 45～60°，钩舌销径向间隙 1～6 mm。

（4）锁铁浮动量 5～22 mm，钩舌与锁铁磨动部润滑良好，钩舌尾部与锁铁的侧向间隙 3～15 mm。

（5）钩体钩舌无裂纹，防跳台不少于 90°。

（6）钩舌厚度磨损不超过 8 mm（原形 73 mm），钩舌与钩耳间隙上下 8～10 mm。

（7）推动钩舌转动灵活，锁闭位 110～130 mm。

（8）吊杆无裂纹，磨动部油润良好。

(9)钩体与托铁磨动部油润良好。

(10)车钩中心线距轨面垂直高度 870~890 mm,两车钩连接后中心差不超过 75 mm。

9. HXD3B 型电力机车制动软管具体检查项点有哪些?

答:(1)折角塞门状态良好,接口无漏泄。

(2)挂管卡良好。

(3)连接器口面与地面应垂直,胶圈无老化、丢失。

(4)软管无老化、龟裂,水压试验不超过 3 个月。

(5)软管与机车中心线夹角应为 45°。

(6)风管卡子无松动。

10. HXD3B 型电力机车动轮的具体检查项点有哪些?

答:(1)轮辐无裂纹。

(2)踏面擦伤深度不大于 0. 7 mm,缺陷或剥离长度不超过 40 mm,深度不大于 1 mm,轮缘垂直磨耗锥形踏面向上 11. 25 mm 处测量 33~23 mm。

(3)基础制动装置安装良好无裂纹,闸片卡簧锁闭良好,闸片厚度 25 mm,闸片与制动缓解间隙 2~4 mm。

(4)制动盘厚度 52. 5 mm,热裂纹长度不超过 65 mm,摩擦面磨伤深度不超过 1 mm,凹面不超过 2 mm。

(5)缓解拉环及弹簧良好,防尘罩无破损。

(6)作用杆防沙土罩良好,调整装置良好,防缓螺母无松动。

(7)作用杆及连接穿销、开口销完好,油润良好。

(8)蓄能制动器风管接头无漏风。

11. HXD3B 型电力机车空气压缩机的具体检查项点有哪些?

答:(1)空压机安装螺栓无松动。

(2)电机安装及接线良好。

(3)各管路无漏泄,进气过滤器无堵塞,玻璃球油表清晰,油质无乳化现象,油位正常,加油口开关良好。

(4)散热器风扇良好。

12. HXD3D 型电力机车电空控制单元(EPCU)的具体检查项点有哪些?

答:(1)列车管控制部分安装及连线良好(BPCP)。

(2)均衡风缸控制部分(ERCP)安装及连线良好,无塞门“关闭”位。

(3)16 号管控制部分(16CP)安装及连线良好。

(4)20 号管控制部分(20CP)安装及连线良好。

(5)制动电磁阀 BCCP 安装良好。

(6)13 号管控制部分(13CP)安装及连线良好。

(7)电源按线盒(PSJB)安装及连线良好。

(8)闸缸塞门在“开放”位。

13. HXD3D 型电力机车轮盘制动单元的具体检查项点有哪些?

答:(1)制动器外部状态良好,安装螺栓紧固,来风管及接头无漏泄和裂纹。

(2)轮盘式制动单元安装牢固,螺栓无松动,单元制动缸无漏泄,缓解良好,活塞杆复位时,不得有卡滞现象,制动盘不得有明显的台阶沟槽、拉伤。闸瓦吊杆、支架无开焊、裂纹。弹停拉钩灵活。

(3)制动盘的摩擦面的摩擦限度不大于 5 mm。

注:检查时不得敲打制动盘的任何部位。

14. HXD3D 型电力机车主变流柜的具体检查项点有哪些?

答:变流柜外观良好,水箱水位在运行位,接地开关在“工作”位,两个指示灯均熄灭,红灯亮时禁止拉接地开关,门锁闭良好。

15. SS9 型电力机车制动装置的具体检查项点有哪些?

答:(1)单元制动器上下吊杆及座无裂纹,密封胶圈无老化,穿销、开口销完好,调整手轮作用良好。

(2)单元制动器安装牢固,风管接头无松动。

(3)闸瓦及穿销安装正确,锁闭销锁闭作用良好。

(4)闸瓦无裂纹,吊杆螺母紧固,开口销完好。

(5)闸瓦无偏磨,厚度不超限;闸瓦厚度 15 mm 到限。

(6)闸瓦与轮箍踏面的缓解间隙符合规定;缓解间隙 6~9 mm。

(7)防尘罩安装牢固。

16. SS9 型电力机车撒砂装置的具体检查项点有哪些?

答:(1)砂箱外观完好,箱盖锁闭严密。

(2)砂箱安装螺栓无松动。

(3)砂量充足、干燥,砂质符合规定;箱储砂量 100 kg。

(4)撒砂器安装牢固,砂管、风管接头无松动,清扫堵无丢失。

(5)砂管支架安装牢固,砂管无堵塞,撒砂胶管无破损,管口应与轨面平行,距轨面高度不低于 25 mm;管撒砂量 0.7~1.5 kg/min。